鈍感力

どん かん りょく

直視人性的瀟灑文學大師
渡邊淳一

李迎躍——譯

目錄

中文版序

我們的社會是靠人與人之間的關係來維繫的。不管你的頭腦多麼聰明，學習多麼優秀，如果不能妥善處理人際關係的話，就無法享受愉快而有意義的人生。

在人際關係方面，最為重要的就是鈍感力。當受到上級責備，或者朋友之間意見不合，還有戀人或夫妻之間產生矛盾的時候，不要因為一些瑣碎小事鬱鬱寡歡，而應該以積極開朗、從容淡定的態度對待生活。

鈍感力不僅限於精神方面，在身體方面也同樣如此，要想不因些許感冒或傷痛等就敗下陣來，就必須擁有這種能力。

一個人謹小慎微，凡事看得過重的自尋煩惱的時代，應該宣告終結了。

鈍感雖然有時給人遲鈍、木訥的負面印象，但鈍感力卻是我們贏得美好生活的手段和智慧。

渡邊淳一

第一章

鈍感力是一種才能

在各行各業中取得成功的人們，當然擁有才能，但在他們的才能背後，一定隱藏著有益的鈍感力。鈍感就是一種才能，一種能讓人們的才華開花結果、發揚光大的力量。

一般來說，提起「遲鈍」這個詞，人們頭腦中聯想到的都不是好事。

實際上，「那個人好遲鈍」和「那個人很敏銳」這兩種評價，可謂是天差地別，如果聽到別人議論自己反應遲鈍，一定會氣得火冒三丈。同時，人們口中有關鈍感一類的詞，也都帶有明顯的貶義和否定的成分。

然而，如果把遲鈍這個詞的理解範圍稍稍擴大一些，擴展到對人體的各個部位進行考慮，那麼反應遲鈍在人們心目中的印象，就會發生很大的變化。

譬如，眼下大家都在外面乘涼，露在外面的胳膊被蚊子叮了。

此時A君慌忙進行拍打，趕走了蚊子。由於被叮的地方非常癢，於是他開始抓撓，那裡很快就變得紅腫起來，但是他還不停手，所以接著皮膚就會變得潰爛，轉成濕疹。

與之相反，B君只是輕輕的拍打一下，把蚊子趕走也就算了，被叮的地方好像並不怎麼癢，他一臉毫不在乎的表情。

如此情況下，很明顯敏感的是A君，鈍感的是B君。不用說，從被蚊子叮咬皮膚瘙癢的程度上，就能得知B君的皮膚相對健康一些。而A君皮膚的過於敏感、脆弱、容易受傷，也是一目了然。由此看來，敏感和遲鈍相比，有時反應遲鈍的皮膚為佳，我們自然就明白了鈍感的優越之處。

即使挨罵，也不氣餒

下面，我們再從人的心靈，或者稱之為精神的這一方面，討論一下關於愚鈍的種種意義。

首先，以一個暫且稱為K君的男人為例，他在一家公司工作。做為一個白領，K君在公司既談不上優秀，也不算差，屬於表現平平的職員。有一次由於一時疏忽，他在工作上出了個差錯。

更加倒楣的是，恰好碰上上司心情不爽，所以K君在眾人面前被上司狠狠的責罵了一頓。

當時周圍在場的同事，都對上司的怒罵感到非常震驚，他們十分同情Ｋ君：「唉，剛才那頓臭罵，是否有些太過分了？」甚至有人擔心說，「這樣一來，Ｋ君肯定情緒低落，明天他會不會不來上班？」

可是和同事們預料的正好相反，第二天早上，Ｋ君和往常一樣，按時出現在大家的面前，並且滿面笑容的向眾人道聲：「早安！」似乎昨天挨罵的事他已經忘得一乾二淨。

此情此景，使同事們都覺得白白替他擔心了一場。

面對這樣一個Ｋ君，你會怎麼看呢？

往好處講，被上司如此劈頭蓋臉臭罵一頓，Ｋ君卻毫髮無損，依然精神抖擻，他可以算得上結實的佼佼者吧。可話又說回來了，上司那麼嚴厲的斥責，對Ｋ君都絲毫不起作用，他也真稱得上是個「遲鈍的傢伙」。

與Ｋ君相比，另一個Ｎ君，同樣被上司怒罵了一頓，他卻不能像Ｋ君那樣迅速轉換心情，回到家之後，仍舊沒完沒了的沉浸在個人的煩惱和思慮之中。

「我真沒用，真是個無可救藥的傢伙。」他責備自己，然後開始鑽牛角尖，「到了這種地步，我怎麼可能像什麼事都沒發生一樣，再出現在公司？」第二天，N君也許就不去上班了。接下來，他一直擺脫不了這件事的陰影，一而再，再而三的休息，這樣拖延下去的結果，恐怕最後就會辭職。

把鈍感的K君和敏感的N君放在一起比較一下，占絕對優勢、值得信賴的還是鈍感的一方。

今後無論發生什麼事情，若是K君的話，他都可以十分頑強的闖過難關，說不定將來還會成為公司的骨幹。可是敏感的N君，在以後的生活中，就會接連不斷的遇到挫折，他的朋友們也將漸漸的和他疏遠起來。

敏感的O先生

這樣的鈍感力，不僅在公司的上下級關係中顯示作用，而且在一般工作中的人際交往乃至朋友關係、男女關係中，也相當重要。

下面是我親身經歷過的一件事情，距今約有四十年了，那時我還是一個初出茅廬的作家，加入了已故的有馬賴義先生（編按：日本小說家，以創作大眾小說、社會派推理小說而聞名）創辦的一個名為「石之會」的文藝沙龍。

這個文學沙龍聚集了一批年齡在三十歲到四十歲，曾經獲得過主流文學新人獎，或曾被選為直木文學獎或芥川文學獎候選人，但最終落選的尚未功成名就的作家。若是依照相撲級別來算，則屬於剛剛上榜的一級力士的那一檔。

該沙龍有近三十名成員，每月一次的聚會通常在二十人左右，大家聚在有馬先生的府邸，一邊品嘗著有馬夫人親自烹製的料理並喝著酒，一邊隨心所欲的交流彼此的創作心得，之後大家就作鳥獸散，所以這是一個十分輕鬆的沙龍。

後來，這個沙龍之中產生了五、六位獲得直木文學獎或芥川文學獎，功成名就的作家。此外，還有一位我認為最有才華的男作家，名叫O，也是沙龍的成員之一。他那時就已在文學雜誌上發表小說了，只要讀了他的作品，便能立刻感受到他的才華過人。

然而，因為當時大家都是剛剛入行的作家，所以不可能有多少約稿。多數人都是按照編輯們的吩咐「寫出好的作品的話，請拿給我們」，一創作完，就送往出版社。對於這些「毛遂自薦的稿件」，編輯每次幾乎都是「那麼，我讀一下」這句話，然後就杳無音信了。我們等得不耐煩了，就主動打電話問編輯，得到的回答還是老一套，不是「這篇稿子還不能馬上刊登」，就是「這裡、那裡需要修改」。尤其是當自己嘔心瀝血創作的作品遭遇退稿的時候，那種打擊之大，常會令人變得非常消沉。

當然我也有過同樣的遭遇，在那種時刻，只能靠著告訴自己「那個編輯根本不懂小說」「發現不了我的才能，真是一個糟糕的傢伙」等話來自我安慰，同時跑到新宿便宜的酒吧，埋頭喝起悶酒。

說實話，花了兩個星期或一個月的時間，費盡心血創作出來的作品，就這樣被原封不動的退了回來，不靠自說自話或借酒消愁，根本無法排遣心中的鬱悶。

就這樣埋頭喝上它三天三夜，酒醒之後就能擺脫鬱悶。「好啦，我要重整旗鼓」，這種願望再次湧向心頭。

說起來，那位天賦不錯的O先生，也有過被退稿的經歷。

「那個對小說一竅不通的臭編輯……」我那時以為他也會如此裝模作樣的抱怨一番，然後借酒消愁一陣子，不久便又會重新燃起創作的慾望。

然而，O先生高於他人的才華，以及極強的自尊心，使他受到的傷害更深，反而便沒有那麼容易振作起來。

我和他會有一些往來，可就算我打電話問候他「你在忙什麼呢？」，他也只是無精打采的回答一句「哦……」，根本不知道他想說些什麼。「你不用在意那些」，我勸解道。「嗯……」他仍然只是有氣無力的應了一聲，我這才明白了他所受的打擊之大。

新人作家的遭遇，我想現在依然一樣，當時像我們這種無名作家，幾乎沒有編輯會主動打電話過來。因此偶爾接到編輯打電話來的時候，我們多少都會有些誇大其詞：「眼下，我正在著手寫一部全新的作品。」「這次的作品，我覺得相當有賣點啊。」試圖以此顯示我們的積極進取，給對方留下好的印象。

但是，O先生卻從不這樣，他的回答肯定是翻來覆去、死氣沉沉的幾句。說實話，我去他的住處看他，他不是撓頭就是嘆氣，一副陰鬱暗淡的神情，根本沒有創作新作品的慾望和鬥志。

那時我深深體會到，沒有比那種多少有些才華，但自尊心過強的傢伙，更令人擔憂的了。

正是由於以上情況，就算編輯打電話過去，也得不到想要的資訊；由於創作沒有進展，編輯便難以再打電話詢問，這樣就逐漸形成了一種惡性循環。如此一來，O作家慢慢失去了發表作品的機會，幾年後，在文壇的主流雜誌上，再也看不到他的名字，他在文壇上消失了。

鈍感的力量

後來我常常回想起O先生的事來。像他那樣有才華的作家，為什麼會在文壇上消失呢？

每當我想到這個問題的時候，各種思緒就會湧入我的腦海，不過最後都會歸結到鈍感力這個詞上。

說句心裡話，O先生性格天真、敏感，容易受傷，又因才華出眾，故十分自信，所以一旦遇到挫折，其所受傷害也很大，會因消沉而難以東山再起。也就是說，他恐怕是一個「文學路上的少爺」。

的確，像他那種性格的男人，如果一切進展順利，處於周圍掌聲不斷的環境下，他的才華也許能夠得到最大限度的發揮。一路順風的話，O先生說不定已經成為大作家了。相反，風向一旦發生變化，O先生恐怕就難以及時調整好心態，從打擊中恢復過來的時間太過漫長，結果失去了重整旗鼓的機會。

在此，我重新認識到的是，人們能否成功，不完全取決於才能。也就是說有才能的人並不一定就能成功。

在文壇上，非要舉出什麼是成功的必要條件的話，那就是有益的鈍感力。無須贅言，其前提是需要有一定的才華，而能讓才華經過磨練熠熠生輝的，正是堅韌的鈍感力。

假如O先生那時富有鈍感力的話，不知他能成為一名多麼優秀的作家。

其實，這種事情不僅僅限於文學的世界，在演藝界、體育界，還有在各式各樣的企業和公司工作的白領也同樣如此。

鈍感就是一種才能，一種能讓人們的才華開花結果、發揚光大的力量。

第二章

對於批評與斥責，不妨左耳進右耳出

對健康而言，最為重要的就是讓自己全身的血液總是能夠順暢的流淌。因此，做事不要總是思前想後，即使別人說些不中聽的話，聽完後馬上就能拋到腦後。這種有益的鈍感，是保證血液暢通無阻的重要原因。

在上一章中，談到了即使被斥責也不氣餒，能夠保持開朗的心情，並很快復原，這是一種才能，本章我再談一個與之類似的事例。

故事中的主角是個醫生，與其說他性格開朗能夠迅速復原，不如說他原本對斥責就有些無所謂，在他身上潛藏著一種有益的鈍感。

提起醫生，多數人可能認為醫生的職業性格敏感、細膩，其實事情並非如此。相反，像醫生那種壓力很大的職業，需要的正是鈍感。

以「唯唯諾諾」對「嘟嘟囔囔」

以前，我曾在札幌醫科大學附屬醫院當過多年的骨科醫生。

從醫學院畢業後將近十年的時間裡，在札幌醫科大學附屬醫院工作的我，就是在前輩們各式各樣的斥責聲中，一邊對自己的無能感到無奈，一邊點點滴滴的積累起做為一個醫生應有的醫術。

當時，指導我的主任教授是一位後起之秀，醫術高明，要說他有什麼缺點或令人不滿的地方，只有一點，就是他總是在手術當中不斷的指責醫療部那些協助他的部屬。

然而，他也並不是出於什麼惡意或是想要責罵誰，那只是他的一個毛病，喋喋不休的抱怨別人，例如「手腳太慢」「快點兒，拿牢靠些」「你眼睛往哪兒看呢？」等等，都是些無關緊要的抱怨。

說來那些抱怨就像《小言幸兵衛》這部落語（編按：落語是一種起源於江戶時期的傳統表演藝術，而《小言幸兵衛》則是經典的表演項目，主角是一個一直在抱怨、名叫幸兵衛的人）一般，甚至還有暗合手術節奏的地方，所以若不放在心上的話，也沒有多大的事情。而且，當大血管被切斷的時候，教授的抱怨就會戛然而止。所以把他的抱怨連天，當作是他心情良好、手術進展順利的表現，只要如此就對了。

不過，話說起來雖然簡單，可一旦輪到自己被指責的時候，還是會感到有些沮喪和畏縮的。

總而言之，在大學附屬醫院的醫療部，是嚴格按照畢業時間的先後順序論資排輩的，而且在手術室裡要絕對服從上司的命令，所以被上司指責、申斥便是家常便飯了。

雖說大家都有充分的心理準備，但和自己喜歡的護理師、器械助手等同處一間手術室的時候，如果一直被上司喋喋不休的訓斥，在自己喜歡的女孩面前顯示不出一點長處，有時也會難過得想要哭上一場。

因此，每當被安排做教授主刀的手術助手時，一想到第二天會受到多少訓斥，心中就會感到十分膩煩。

即便如此，剛開始的時候，我只是排在第三、第四位的助手，被教授訓斥也理所當然，這樣一想我也就認命了。可是比我高三屆的S醫生，也許正因為是教授的第一助手，所以他被教授訓斥得最多。

我覺得在各式各樣的團體中都有S醫生那樣的人，他身材修長，略微有點駝背，戴了一副好似蜻蜓一般的圓黑框眼鏡，給人一種沒什麼出息的感覺，一看就是那種容易挨罵的類型。任何上司看到他，大概都會覺得他屬於那種易於呵斥的下屬。

每當S醫生被教授斥責，我都偷偷的在心裡表示同情，覺得他是一位十分可憐的醫生，可是我發現每當被教授訓斥的時候，S醫生的回答都很獨特，必定為「是，是」「是，是」，把「是」輕輕重複兩次。

不管教授說些什麼，S醫生的回答一成不變。一次我聽著聽著，甚至覺得教授的呵斥對S醫生本人毫無影響，彷彿在對牛彈琴似的。

反正，無論教授如何訓斥，那位S醫生都像準備好了似的，一律以「是，是」作答。也許就是這種忠厚的回答，才使得教授的「嘟嘟囔囔」也來得十分坦然。想到這裡，我發現教授的「嘟嘟囔囔」和S醫生的「唯唯諾諾」之間的一唱一和富有節奏，好像搗年糕的人和搗年糕的棒槌一樣，配合得非常有默契。我甚至覺得，正是托S醫生那句輕輕的「是，是」的福，教授的手術才得以順利進行。

手術進步最快

這位Ｓ醫生即使遭到訓斥，也絲毫不受影響。相反的，還能使現場的氣氛得到緩和，甚至使整個團隊的力量凝聚到了一起。這不能不說是一種十分出色的才能。

不僅如此，這位醫生更為了得的地方在於，儘管在手術中被教授那樣斥責，一日手術結束，他立刻忘得一乾二淨，舒舒服服的泡在洗澡水裡。完事以後回到醫療部，他一邊喝著啤酒、日本酒，一邊和同事們談笑風生的聊起剛剛結束的手術及其他各種事情。Ｓ醫生以驚人的速度把一切不快統統丟到了腦後。

與這位開朗的Ｓ醫生相比，也有那種稍稍受到斥責就備受打擊的男人。尤其是那些出身良好、在溺愛中長大、不太習慣被人斥責的男人，僅僅被上司訓過一兩次，馬上就變得失魂落魄，一臉陰沉的表情。還有喝了悶酒之後在外面鬧事的。更可笑的是，某個精力旺盛的傢伙，居然把沉重的公共汽車站牌標誌也給移走了——這些幼稚的舉動，根本沒有任何意義。

那些經不起訓斥的傢伙，真應該好好學學S醫生那輕輕的「是，是」，學會那種心胸開朗、不屈不撓向前看的精神。

此外，S醫生的出色之處，不只是開朗豁達的面對自己所受的責罵，而且還在每次一邊回答「是，是」，一邊完成助手工作的過程中，不斷近距離的掌握教授手術中的要點，使得他後來成為醫療部最為出色的骨科醫生。

從上面的事例中我們也可以明白，是個男人的話，都要成為像S醫生一樣鈍感、經得住打擊的人。特別是男孩子，必須有這種頑強的精神。

假如有一個小男孩，母親對他歇斯底里的大喊大叫：「大介，快點，這裡還有那裡，不收拾好不行啊，聽明白沒有？」孩子卻毫不理會，只是嘴上回答「是，是」。「反正媽媽總會累的，累了就不作聲了吧。」我希望能夠把孩子教育成有這樣素質的孩子。

如今仍很健康

後來，S醫生當上了一家位於札幌郊外的大醫院的院長，現在仍擔任名譽董事長。

兩年前，在一次同門聚會上，我見到了好久不見的S醫生。雖然他年紀長了不少，可無論外表還是說話方式都和以前毫無兩樣。我們雙方都覺得十分親切，聊了許久，不管我說些什麼，S醫生還是老樣子，「是，是」點頭而已。那種輕聲細氣、沒有什麼響動的樣子，和過去如出一轍。

到那時我才恍然大悟，S醫生原來根本就沒怎麼認真聽人講話，對方說的事情，他並沒有一字一句去聽。所以不管教授怎樣「嘟嘟囔囔」的抱怨，對他幾乎沒有產生影響。

因此，S醫生現今七十五歲高齡，卻無病無災，十分健康，一副神采飛揚的樣子。

我想大家或許已經發現，那些高齡而健碩的人，基本上都不聽別人講話。偶爾聽上幾句，也是聽聽就過去了，這種情形可稱為自我中心主義者，也可以說是孤芳自賞。往壞的方面講，也可以稱之為我行我素，以自我為中心。不過正是這種不太計較他人言語、不聽別人講話的作法，才是保持健康的祕訣。

也就是說，做事不要總是思前想後，即使別人說些不中聽的話，也要聽完就馬上拋到腦後。這種有益的鈍感，與精神上的安定和保持心情愉快密不可分。

現在，各式各樣防治疾病的報導不絕於耳，其實沒有必要想得過於複雜。對健康最為重要的，就是讓自己全身的血液總是能夠順暢的流淌。

為此，需要讓全身的血管一直處於舒張狀態。控制血管的神經叫作自律神經。儘量避免刺激自律神經，讓其總是保持一種放鬆的狀態。這對促使全身的血液循環暢通無阻極為關鍵。S醫生不管遭到怎樣的訓斥，都能保持絕妙的鈍感，所以他的血液循環肯定一直非常通暢。這是他常保健康的根源所在。關於這方面的問題，將在下一章進行詳細的闡述。

第三章

安頓身心，保持舒適自在的狀態

我們的血管是由自律神經來控制的，擁有有益鈍感力的人，其自律神經不易陷入異常的刺激當中，能夠讓血管一直保持舒張狀態，從而使全身的血液可以暢通無阻的流遍全身。

前兩章著重闡述了鈍感力的重要性，本章將圍繞鈍感力對健康如何有利這個問題進行論述。

何為自律神經

不僅僅是人類，這個世界上生存的所有動物，保持健康的一個絕對條件，就是讓全身的血液能夠不渾濁、不停滯，並順暢無阻的流淌，這是維持健康的基本條件。

那麼，什麼時候人的血液會出現瘀血現象呢？這時就要牽扯到一個問題，即血管和神經的關係問題。

人體中幾乎所有的血管都是由神經來控制的。這些神經一般被稱為自律神經，其中包括交感神經和副交感神經，兩者起著相反的作用。

比如說，交感神經隨著緊張、煩躁、不安等情緒的不斷加劇，會令人的血管變窄，血壓升高。副交感神經的作用正好相反，可以起到使人血管擴張、情緒放鬆、降低血壓的作用。

因為這兩種神經總是和血管密切相連，所以血管一直會受交感神經和副交感神經的強烈影響。

因此，為了讓血管保持舒張狀態，血液順暢的流淌，就要讓血管常處在副交感神經的支配之下。同時，交感神經也必須處於靜止狀態。

那麼，在什麼樣的情況下，才能使交感神經處於興奮狀態呢？如前所述，精神上的緊張、不安、煩躁，以及情緒上的惱恨、憤怒、憎惡，甚至寒冷等都能造成交感神經的緊張。

與之相反，如高興、舒服的時候，神清氣爽、開懷大笑，或處於溫暖的環境等等，交感神經則處於平和、鬆弛的狀態之中，能使血管舒張。

寫到這裡，如何才能使血液順暢流淌，想來大家已經一清二楚了。

前不久有一篇報導，寫一個老年人收容所，為了維護老人們的健康，特地請來了一些搞笑藝人為大家演出，老人們都非常開心。我明白老人院此舉的目的，就是讓大家透過歡笑，促使血管擴張，血液得以順暢的流淌，從而擊退各式各樣的疾病。

保持開朗、放鬆的心態，是讓血液循環暢通無阻的最佳方法。

為什麼會得胃潰瘍

以前，一提起胃潰瘍，人們普遍認為那是由於暴飲暴食、飲酒過度或飯量過大造成的。

然而，根據加拿大醫學家漢斯．謝耶（Hans Selye）的學說，胃潰瘍的形成原因並非那麼簡單，精神上持久的壓力及慢性疲勞也是重要原因。

實際上，謝耶用各種實驗把老鼠關在陰暗寒冷的地方，並採取不停的用小棍去戳牠們等方法，讓老鼠們不斷擔驚受怕，牠們的交感神經便會一直處於緊張的狀態。

隨著實驗的不斷繼續，老鼠的消化器官開始出現潰瘍，原本對精神壓力最具抵抗力的腎上腺皮質出現帶血的斑點，老鼠衰弱到了極點。

如果對這個過程進行更為具體的研究，我們可以發現，通過不斷騷擾實驗老鼠，使其一直處於不安和煩躁的狀態之中，老鼠胃部的血管會開始變窄，血液循環會變差，胃最上面的黏膜部分會開始出現潰爛；隨著潰爛程度加劇，最後則導致胃潰瘍。

這個實驗可以證明胃潰瘍產生於精神壓力，這就是謝耶所謂的精神壓力學說。從此以後，精神壓力這個詞成了一個大眾化詞語。由於這個學說對醫學的重大貢獻，謝耶後來獲得了諾貝爾生理學或醫學獎提名。

精神壓力的有益與有害

現在，精神壓力這個詞已經眾所周知，在日常生活中也被人們廣泛使用。但是，精神壓力的本質以及與日常生活之間的關係卻似乎鮮為人知。或許說我們根本就沒有注意到這個問題。

故而在這一章當中，我們將圍繞日常生活和精神壓力之間的關係，進行一下探討。

首先，多數人在繁忙的時候最容易感受到精神壓力。忙得沒有時間好好休息時，人們通常掛在嘴邊的就是：「最近精神壓力很大……」

的確，在過分忙碌、神經繃得很緊之際，人的身體因壓力產生疲勞，並透過各式各樣的症狀表現出來。從頭暈、失眠、頭痛，到腹瀉、便祕等消化器官的不良症狀都會出現。不用說，這些症狀如果長時間持續下去，相應的器官就會出現異常，從而發展成疾。

從以上情況來看，無論持續還是間斷的精神壓力對身體都沒有好處，這一點是不言而喻的。

不過，光是繁忙也未必一定就是有害的精神壓力。好比一家公司的老闆或是總經理，在公司經營一帆風順、利潤上升的時候，老闆覺得自己的工作很有意義，從而自信倍增，越發幹勁十足。所以，與其說老闆因繁忙感到精神壓力，不如說忙碌使他精神百倍，健康狀態也日益見佳。

因此，精神壓力也存在有益和有害之分。

比如，某個有相當地位的人突然被貶，或因到了退休年齡而離官卸任，在這種情況下，此人若能好好享受因貶官或卸任而形成的閒暇倒也罷了，但實際情況卻是因人而異，對某些人來說，那種閒暇反而變成了一種精神壓力。還有，那些公司中不受重用的所謂「窗邊族」，實際上很閒，卻要勉為其難的裝出一副忙忙碌碌的樣子給周圍人看，那樣一來，說不定會給自己帶來更大的精神壓力。

還有就是退休之後，那種已被社會拋棄、成為不被需要之人的失落感，加上因離開了過去的同事和部屬而產生的孤獨感等，都有可能使人在精神上變得十分消沉，這些都會變成巨大的精神壓力，使退休者變得煩躁、脆弱。

退休之後，一些有一定地位的人迅速衰老的原因，就在於其陷入那些有害的精神壓力中不能自拔。

由此可見，同是精神壓力，有令人心情愉快的精神壓力，也有會成為沉重負擔的精神壓力，希望大家不要忘記這兩方面的精神壓力。

浴後一杯酒

雖然我們平時不太留意，但實際上精神壓力卻已經滲透到現實生活中的各個方面。

比如同是喝酒，和討厭的上司一起喝的時候，邊喝邊聽上司嘮嘮叨叨的埋怨自己，這種時候很難喝醉。

這是因為緊張和厭惡造成的精神壓力使人的血管變窄，所以腸胃對酒精的吸收作用也就隨之變小了。

相反，若和意氣相投的朋友、有意思的同事一起喝酒，或者酒桌上自己地位最高，可以隨心所欲的大放厥詞，這種時候就醉得很快，而且醉得非常舒服。

再有就是在暖和或安全的地方，人的狀態越是放鬆，就越容易喝醉；相反在寒冷或不安定的狀態下喝酒，就不容易喝醉。

而在家中喝酒的時候，因為舒適就很容易喝醉，再有就是泡完澡之後，由於血管擴張，也會醉得很快。

當然也有些有妻子的男士承認，自己在家裡最為緊張，酒喝得一點兒都不痛快，所以任何事情都不能一概而論。

總之，有一點是不會錯的，即人在放鬆的狀態下，或血管舒張的時候，最容易醉倒。

說起來，以前我沒錢，想靠少量的酒精買醉的時候，就曾做過這樣的事情。

喝上一杯燒酒，然後一口氣猛跑一百米。如此一來，由於劇烈運動，血管舒張，酒精吸收得很快，所以一下子就醉倒了。

還有在露天溫泉或室內溫泉，拿一個木盆浮在水面上，其上放置酒瓶慢慢飲酒，不一會兒就會產生醉意，其道理也是一樣。有興趣的人不妨一試。不過假如喝得太多，就會醉倒在水裡，所以必須多加小心。

不用說，服用藥物也是同樣，這種時候服藥的話，藥會吸收得很快，藥效自然也會更佳。

保持身體的平衡

除此之外，我們有時能在某個瞬間，感覺到自己的身體正是由自律神經來控制的。

比如，當出人意料的死訊或令人悲哀的消息傳來時，人的臉有時會變得十分蒼白。那是因為聽到不幸消息的剎那，驚詫和悲傷馬上使人的自律神經緊張起來，血管發生痙攣，引起血流瞬間停止造成的。

同樣，人在不安和吃驚時，時常感到心率加速，心裡撲通撲通直跳，這也是由於自律神經的緊張傳到心臟造成的。還有就是升學考試即將開始之前，去洗手間的人一下子增加很多，這同樣也是由於自律神經緊張，刺激膀胱造成的。

不用說，人在閒適和放鬆的狀態下，就不會出現以上症狀。

前面我們也曾提過，周圍環境的溫度變化能夠造成血管的舒張或收縮，其中一個最易理解的情況就是天熱的時候出汗。天熱時血管會盡情舒張，散發體內的熱量；相反，寒冷時血管就會通過收縮，起到不讓熱量擴散的作用。

由此可見，自律神經可以根據當時的不同狀態，巧妙的發揮作用，努力使身體達到平衡。

因此，在平常的生活當中，應該儘量避免增加自律神經的負擔。而要達到這個目的，最為關鍵的就是鈍感力。有益的鈍感力可以避免增加自律神經不必要的負擔，是保持身體健康的動力。神經鈍感力強的人，其自律神經不會時常陷入異常的刺激當中，能夠讓血管一直保持舒張狀態，從而使血液可以暢通無阻的流遍全身。

第四章

五感敏銳過了頭，反而是一種負擔

人們的各種感覺器官若過於敏感的話，會對人產生負面影響。鈍感的人和敏感的人相比，前者不會造成器官的消耗，可以更為悠閒自在、胸襟開闊的長壽下去。

至此為止，我們論述了鈍感的各種益處，同時人的身體如果過於敏感的話，也會成為問題，特別是在人的生活中占據重要位置的五官：眼（視覺）、鼻（嗅覺）、耳（聽覺）、舌（味覺）、肌膚（觸覺）。如果五官過於敏感的話，會對人產生負面影響。

下面，我們將對此進行探討。

視覺

首先，是人的眼睛，尤其是視力。人的視力如果過於發達的話，就會產生各式各樣的問題。

比如，一般視力的正常範圍在一・〇到一・二之間，如果視力過於發達，達到一・五或二・〇，反而會因為看得過於清晰而帶來弊端。

一般來說，在人類社會中，所有系統的設計和確立都是以一・〇到一・二之間的視力為參照基數的。擁有一．五的視力的人，倘若出生在沒有望遠鏡的時代，好歹還能派上用場，而在眼下這個時代卻幾乎沒有什麼特別有用的地方。相反，看得過於真切，甚至還會給人帶來煩惱。我的一個朋友，視力就在一．五以上，他曾感嘆道：「看得過於真切，我覺得很累啊。」

任何事物都是「過猶不及」，看得過於清晰，在精神衛生方面也會產生負面影響。

尤其可悲的是，對於那些視力超常的人，目前還沒有什麼相應的對策。比如，視力較弱的人可以通過眼鏡或手術等矯正視力，但是卻沒有為視力超強的人準備的眼鏡。

對這些人而言，「視力太好了，所以眼睛容易累。」儘管如此，卻沒有矯正視力的方法。

任何事物都要適度才好，至少視力降低一點，眼睛就不會感到疲勞了。

聽覺

在聽力上，也存在著同樣的問題。

比如，聽力超常的人，能夠聽到常人聽不到的聲音，思緒時常受干擾，有時煩躁得連工作都進行不下去，還會使人陷入一種精神上的異常狀態，這種情況發展下去就是幻聽。如果能夠聽到常人聽不到的聲音，出現各種異常的言行舉止，就有必要視為精神病並進行治療了。

就算情況沒有發展到那一步，但對聲音過於敏感仍是增添疲勞的原因之一。

當然，像音樂家那樣，對所有聲音都極為敏感又另當別論。因為音樂家聽力的優秀之處在於能夠分辨各式各樣的聲音，這和能夠聽到常人聽不到的聲音有本質上的差別。

聽力不夠發達或有缺陷的人，可以考慮依靠助聽器來提高聽力；而對於那些聽力過於發達的人，目前恐怕除了耳塞一類的東西外，也沒有更好的辦法了。

嗅覺

下面，討論一下嗅覺。嗅覺也是達到適中的水準就夠了，嗅覺過於敏感的話，麻煩也會很大。

這裡談到的還是我認識的一個女性朋友，她的嗅覺十分厲害，只要一有人接近，她馬上就能根據那個人特有的體味分辨出對方。因此，只要有誰從後面接近她，她就能猜出「你是某某人」。不用說，她對香水的氣味也十分敏感，氣味稍有不同，她馬上就能知道。故而她丈夫有了外遇，她也能馬上察覺，據說還曾鬧得不可開交。也不知道該喜還是該憂。假使這位女性的嗅覺不那麼敏感，她的家庭不也就能和睦相處、平安無事了嗎（編按：此處有此一說，是因為作者經常撰寫婚外情議題，可看作是一種表達幽默的方式）？

同時，她對於食物氣味的嗅覺也十分敏感，走在飯店林立的路上，不用看招牌她就能說出：「啊，前面有一家韓國料理店。」「巷弄裡面有一家中國菜館。」我對這一帶不太清楚，就半信半疑的跟著她走，當那兩家餐館出現在我眼前時，我大為驚嘆。她那種敏銳的嗅覺，甚至讓人覺得和牽著一條警犬走路並無兩樣。

然而，因為人不是犬，所以沒必要有那麼敏銳的嗅覺。事實上，由於這位女性的嗅覺過於發達，食物稍有一些異味，或者她不喜歡那種味道，就絕對無法下嚥。所以她很挑食，永遠是一副瘦弱無力的樣子。

與她相比，那些嗅覺遲鈍的人就安逸多了。我有一個男性朋友O君，他的鼻子彷彿就只是為了呼吸空氣專用的。托嗅覺遲鈍的福，不管是韓國料理，還是越南料理，他什麼都喜歡吃。更有甚者，多少有些怪味的食品，他也毫不在乎的下嚥，還連稱「好吃，好吃」。

正因為鼻子不靈，O君什麼都可以吃，什麼都覺得好吃，也不拉肚子，真可謂一舉三得。

味覺

下面要談到的是舌頭的味覺。味覺發達的人當然適合做廚師，那些優秀的廚師，在某種程度上味覺都十分發達。從這一點來說，味覺發達是件好事，但是味覺過於發達還是有問題的。

比如，對鹹味或辣味等過於敏感的人，他們的舌頭便享受不了一般人認為好吃的食品。

不過，還有一點和味覺有關，就是許多人會被從小吃到大的口味左右，只對某種特定的味道異常敏感的話，這種情況就屬於味覺異常，應該認為這屬於一種疾病。

當然，也有人吃不出食品味道的好壞，這些人只要嘗試一定數量的美食之後，品味自然而然就上去了。

總而言之，味覺異常的人在現實生活中十分少見，和其他的感覺相比，味覺本身不會給人造成多大麻煩。

觸覺

如果觸覺異常的話，會給人帶來極大的麻煩。

只是在這裡，首先我們要排除由於神經異常造成的觸覺異常。比如，脊椎的中樞神經以及與中樞神經相連的末梢神經如果出現異常的話，就算用手指或毛筆戳觸，也絲毫感覺不到。還有人即使碰到了很燙的開水，也沒有什麼感覺。反之，有人稍稍被碰一下，就會產生超乎常人的火辣辣的灼痛感。

以上這些，不管是哪種症狀都屬於神經異常造成的疾病，在這裡我們暫且把它們排除在外。

與此不同的是，有的人雖然神經本身正常，但皮膚有時也會出現異常反應。

比如，在夏天，有些人的皮膚僅僅因為受到陽光的強烈照射，不久就變得火燒火燎的，甚至還會脫皮。

還有的人僅被蚊蟲輕輕叮咬了一下，皮膚就異常搔癢，在撓癢的過程中，癢處開始出現紅腫，這就是典型的皮膚過敏症。

更有甚者，皮膚受到某種特定的刺激，局部會出現過敏性反應，變得紅腫潰爛，在搔癢的同時還伴有變色的情況。

過敏性皮膚炎就是一個典型的例子，這是皮膚過於敏感造成的，屬於皮膚病，有必要進行治療。

就算皮膚不至於如此敏感，也有所謂的「敏感皮膚」。這種皮膚害怕外部刺激，表皮容易受傷，經常處於乾燥狀態，易受氣候影響，動不動就會陷入諸如長痤瘡等多種麻煩之中。

還是以我的一個熟人為例，他的膚色淺黑，看起來相當鈍感。有一年夏天，我和他一邊在外面乘涼，一邊聊天，這時我發現他的兩隻胳膊上，都有蚊子在叮他。

於是皮膚敏感的我一直在看他何時用手趕走蚊子，但他卻遲遲注意不到，我忍不住提醒他，「有蚊子在叮你呢」。

這時他才反應過來，用手趕走了蚊子，可是卻沒有要撓癢癢的跡象。蚊子在他胳膊上待了那麼長時間，肯定已經叮出包了，他卻是一副滿不在乎的樣子。「你不癢嗎？」我問。「什麼？」他只應了這麼一句，還是沒去撓癢。

此人的皮膚要多鈍感有多鈍感，我看得發愣。「讓我摸一下你的皮膚。」說著我摸了摸他的胳膊，淺黑的皮膚就像橡皮球一樣極富彈性。這是天生的嗎？像他那樣的人，倘若走在森林裡，恐怕也會泰然處之。當然，他也不會得什麼過敏性皮膚炎。

身體的天氣預報

除了以上談到的五官的各種感覺之外，還要加上一個問題，就是關節和肌肉的反應。

這裡以我的一位熟人K小姐為例，她的身體可以預知天氣的變化。一天上午，天氣晴朗。「今天天氣真不錯啊。」我說。「不對，天很快就會陰下來，而且還要下雨。」她回答得就像天氣預報員一樣。天空如此晴朗，她的回答讓我十分驚訝，可她卻一口咬定：「肯定不會錯的。」事實證明她是對的。

原來她患有風濕，長期以來一直被全身各處的關節痛搞得十分痛苦。這樣舉例雖說有些不忍，不過據她說，只要低氣壓一接近，她那些關節就開始作痛，甚至連頭髮也會濕答答的，變得很重。

起初我非常佩服她身體的預感能力，讚嘆說：「你真敏銳啊！」可她卻感嘆道：「這過分敏感的關節和身體令我厭煩透了。如果什麼都不知道的話，那我該多舒服啊，身體也能好好休息呀。」

在以前沒有天氣預報的年代，她那麼敏感好歹還有些用途，像現今這種依靠人造衛星預報天氣的發達時代，她的「才能」也只能使自己受罪而已。

為你的鈍感乾杯

以上，我闡述了人體的各種感覺器官，由於過於敏感而造成的負面影響，讀到這裡，我們可以明白，感官過於敏感未必就十分優秀。許多時候，鈍感比敏感更加有益。鈍感的人和敏感的人相比，前者肯定可以更為悠閒自在、胸襟開闊，因此也能更加健康長壽。

為你的鈍感乾杯！

第五章

夜夜好眠的幸運，能讓你多出六萬個小時

睡得香甜，起得迅速，這種睡眠能力正是人的基本能力。沒有睡眠能力的話，人們就不能保持健康的身體，就不能專心致志的工作。睡眠良好，也是一種真正的才能。

在眾多的鈍感力當中，能夠成為其核心代表的是良好的睡眠。我們稱之為「睡眠能力」，這是人們所有的活動和健康的源泉。

損失六萬個小時

睡眠能力不單指睡眠良好，同時還包括了迅速起床所必需的覺醒能力。所以，這裡所稱的「睡眠能力」包括入睡和起床兩方面的含義。

和入睡易、起床快的睡眠能人相比，那種入睡難、起床慢的睡眠能力差的人，在其一生之中，究竟會蒙受多大損失，或受到多大負面影響，是很難進行計算的。

不過，現在我們以普通人一天睡七個小時來計算，上床倒頭就能睡著的人，和上床後掙扎了兩個小時仍然不能入睡，而起床時又要發呆兩小時、不能馬上進入工作狀態的人相比，一天就會有四小時之差。

那麼，以一個月三十天來計算的話，一個月的差別就是一百二十個小時；以一年進行計算，就是一千四百四十個小時之差。以一個人的一生來看，其最活躍的年齡在二十歲到六十歲之間，以這四十年來算，睡眠不好的人浪費了五萬七千六百個小時。若能有效的利用這近六萬個小時的時間，其對人的一生將產生怎樣巨大的影響，是不言而喻的。

若有兩個人，在其他各方面的情況和能力都相當，但一位睡眠能力差、另一位睡眠能力好，那麼以一生中相差近六萬個小時的情況來看，前者很少有贏的希望。

其實在各行各業中取得一定成績的人，幾乎都是睡眠能力很強的人。這類成功人士我見過不少，大家成功的理由之一都是「能夠馬上入睡，迅速起床」這麼簡單。

睡眠能力極佳的人，在人生道路上獲得了莫大的好處，在這裡我想把這些人稱為「睡眠良好的能人」。

話說回來，即使擁有大把的時間，若是在無所作為中將其揮霍一空，當然也不會有什麼收穫。不過即使這樣，和那些睡眠能力差的人相比，他們在相關方面的優勢，不說大家也都明白。

隨時起床的訓練

人們都說睡眠良好是件美事，最大的理由就是睡眠是補充體力的基礎。不僅是人類，世界上所有動物都是靠睡眠來補充體力、獲得行動的力量。無論獅子、狗或貓，都是在睡眠之中補充體力，才能使自己的身體和大腦變得充滿活力。

對於嬰兒，「睡得好的孩子長得快」這句俗語，說的正是這個意思。睡眠是嬰兒成長的原點。

睡眠還有一個出色的地方，就是通過睡眠能夠恢復體力。無論身心怎樣疲乏，只要能夠連續悶頭大睡八至十個小時，人們的體力一般就能夠恢復如常。

人們之所以在夜晚睡覺，是為了消除白天的疲勞。如果能夠香甜的睡上一整夜的話，第二天就又可以神清氣爽的去面對繁忙的工作和家務了。

以前有一種審訊方法，名叫「不讓人入睡的拷問法」，據說即便是現在，這種方法也仍在沿用。其作法就是把嫌犯關在窄小的房間裡，不停的用刺眼的光亮、尖銳的噪音刺激他，不讓其入睡。不論多麼堅強的人，若一直得不到休息的話，精神也會被撕裂，最終可能導致精神失常。

從這件事我們也可以明白，睡眠不僅能讓人的身體得到休息，而且能使人的頭腦和精神得到休養。

幸運的是，我的睡眠一向很好。上床之後，用不了二、三十分鐘便能入眠。累的時候，當然更是倒頭就睡。

從年輕時起我的睡眠就一直是這樣的，現在依然如此。

睡覺的時候，我不需要做什麼特別的準備。無論是躺在床上，還是坐在椅子上，只要姿勢放鬆，我一閉上眼睛就能睡著。當然前提是在十分疲憊的情況下。

因此，每當我去各地進行演講時，在坐車去機場的路上我就開始睡覺，到了機場上飛機之後，我繼續睡覺，從機場到演講會場途中，我在車中還在睡覺，直到抵達演講會場，我才會清醒過來，然後按照計畫順利的完成演講。

看到如此能睡的我，祕書M君不禁目瞪口呆。我認為睡眠能力也是一種才能。實際上，可以說正是因為擁有這種才能，我才能有今天的成功。

不用說我起床也非常迅速，睜開眼睛之後，只要搓一下臉，我馬上就能變得十分清醒。說實話，做不到這點的話，我不可能剛睜眼醒來，就馬上開始演講。

我之所以能有這麼好的睡眠能力，可以說是拜我以前擔任醫生時所受的訓練所賜。

早年在札幌醫科大學附屬醫院工作的時候，白天我要為前來就診和住院的患者看病，晚上還要進行名目繁多的動物實驗。其中有一個工作就是每隔兩小時為實驗犬打一次針。白天就不用說了，晚上也得打針，晚上的注射工作可是讓我吃了些苦頭。為了每隔兩個小時能夠按時注射，我幾乎一整夜都不能睡覺，那樣一來，渾身疲憊的我白天就不能好好工作。可是晚上睡覺的話，一不小心又會錯過注射時間。

在這種時候，我的很多同事都是靠打麻將或者下圍棋、象棋來消磨時間的，可那樣一來，就要通宵不睡，這搞得人非常疲倦。因此，我開始訓練自己每隔兩個小時起一次床。為了按時起來，首先我晚上喝了啤酒之後不去小解，試圖依靠尿意準時起床。即便那樣，剛開始的時候，我不是睡過了頭，就是夢見廁所沒空，搞得自己心惶惶的，鬧過不少笑話。最後我想到了一個方法，就是多次對自己進行「兩個小時後起床」的暗示。結果這個方法最為有效，慢慢的我就能按時起床了。

多虧那時的訓練，我現在仍舊可以準時起床。

其實，倒頭就睡、睜眼即起，是大多數外科醫生都具備的本事。因為晚上值夜班時，任何時候都會出現急救患者被送進來或住院患者病情突變的情況。那時，若在護理師多次「醫生，請起來一下」的催促下才能起身，而頭腦還處於半夢半醒之中的話，患者很可能會因此喪命。

美麗而長壽

失眠的人並不是不想睡覺，而是睡不著覺。而且應該說他們比任何人都更想睡覺，然而卻無法入睡。

失眠的原因可以說是五花八門，首先是凡事想不開的那一類人，還有過於勞累的時候，再有就是過分依賴安眠藥或有不良生活習慣的人，還有過於神經質的人及患有憂鬱症的人等，可以說有各式各樣失眠的人。

其中，似乎還有人把訴說失眠經歷當作率直、時髦的行為的。以前，臉色蒼白會是知識分子的典型形象，但如今已不再流行了，那種臉色蒼白的人幾乎沒有能擔當重任的。

應該說沒有比睡眠良好更令人欣慰的了。睡眠能力較差的人有一個共同之處，就是大多屬於多思多慮那種類型。這些人一旦依賴上了安眠藥，事情就會變得相當棘手。

當然，安眠藥最初幾日的效果不錯，可是漸漸的就會養成習慣、產生依賴，以後若沒有安眠藥的話，就睡不著覺。這樣一來，安眠藥就開始宰制人的身體，使人陷入吃藥就睡得著、不吃就睡不著的惡性循環之中，人體各個方面就會走向衰弱，變成依賴性體質。

那麼，如何才能治癒失眠呢？這令我想起戰爭中那些連日征戰的戰士們，無論在路邊還是草原上，他們全能倒頭就睡。據此我們也可以清楚的看到，當人的體能消耗到極限時，自然就能睡著。然而，像現在這種和平年代，即使是失眠，也不可能把人逼到那種體力極度透支的狀態。

那麼究竟該如何是好呢？我想很重要的一點，就是不去考慮那些無聊的或沒有結果的事情。

「拙劣的思考，和沒在動腦差不多（編按：這句話常用在下圍棋或將棋的時候，用以嘲諷對手花太多時間思考，是一種浪費時間的行為）。」這句俗語說的就是，若左思右想也於事無補，還不如橫下心來閉眼休息。

還有一點就是，就算睡不著覺，也不要煩躁。很多失眠的人都會受到「我睡不著，但不快點睡著是不行的」這種恐懼心理的影響。要想根治失眠，就應該採取逆向思維，乾脆告訴自己，「睡不著就不睡了」。這樣一來，雖然開始幾次可能變得更睡不著了，不過這個過程重複幾次後，人最終還是能夠入眠的。因為睡眠是人的一種自然本能。

甚至世界上有些人根本沒有感受過失眠的威脅。我認識的一位老太太的睡眠能力就非常好，一次我坐在車上正跟她聊著天，突然間，「唉？她怎麼不說話了？」我覺得納悶，側頭一看，原來剛才還在說話的她已經睡得很香甜了。

真厲害啊，我心裡十分佩服，在一旁看著她發愣。據說這位老太太不論是乘坐地鐵還是公車，一坐上車就能睡著。

前不久，老太太和朋友們一起去某個溫泉旅遊，遊覽車剛一發車，她就睡著了，一到溫泉，她就清醒的睜開了眼睛。在當晚的宴會上，「我們開始吃吧」的話音剛落，她的筷子已經伸出去了，酒量也不小，我想那晚她肯定睡得很香。因為老太太的睡眠極好，所以她總是很有精神，皮膚也很有光澤，整個人看上去比實際年齡要年輕很多。

相反，也有顰眉訴苦的老太太：「我在車上從沒睡過覺，被子、枕頭一變，我就睡不好，真讓人發愁啊！」基本上這類人不僅最易生病，而且還容易早逝。

綜上所述，人的基本能力正是睡眠能力。

希望所有讀者都能擁有出色的睡眠能力，成為一個「睡眠良好的能人」。

第六章

「得了三分顏色，就要開染坊」的必要性

有才能的人周圍，肯定會有時常表揚他的人，而其本人也常因表揚而得寸進尺，這種「得寸進尺、得意忘形」的精神，不是所謂的卑鄙無恥，而是一種讓人朝著光明的未來展翅高飛的原動力。

為了培養人們的鈍感力，還需要「得寸進尺」的精神，換句話說，就是需要「得意忘形」。

一般說到得寸進尺、得意忘形，人們就會想到卑鄙無恥、令人羞慚的事情，其實許多時候，這種精神卻能從一個人的內心深處，給他帶來很大的前進動力。

而且，首先需要一個給人稱讚、鼓勵，使他可以成為得寸進尺的領路人。

媽媽桑的一句話

那是我當新人作家時的事情。當時我正瞄準直木文學獎和芥川文學獎努力，希望更上一層樓。得閒時，我經常去西新宿的一家酒吧。位置就在一棟大樓的一層，是一家只有一個半圓形櫃檯的五六坪大小的酒吧。

酒吧幾乎靠媽媽桑一個人經營，她皮膚白淨，個頭高挑，笑起來女高音般爽朗的聲音迴盪在整個酒吧之中。

每當我失去自信或憂心忡忡的時候，就會一個人遛達到那裡去。例如，我新寫的作品雖然已經交給了編輯，但是總在擔心稿件究竟能不能被刊登，還是會被退回，甚至我會對自己今後做為一個作家生存下去的信心發生動搖，那時我就會去那兒對媽媽桑嘮叨。

「不知道怎麼搞的，我總也沒有自信。」

於是，媽媽桑肯定會毫不含糊的大聲鼓勵我：「不會的，你很有才華呀。」說著她的大手會「啪」的一下拍在我的肩頭。

我頓時覺得肩頭一陣發麻，同時我也會給自己打氣：「媽媽桑如此大聲的說我有才，所以一定錯不了。」

人就是這樣，被他人毫不猶豫的多誇幾次，慢慢的自己也會覺得是那麼回事了，也會朝那個方向去努力。那些明顯怪誕的新興宗教，仍然有人加入其中，他們可能就是被這種大聲的誇獎吸引過去的。

宗教勸誘本身當然有問題，但如果能夠積極對待別人的鼓勵，並積極的為之努力，這絕對不是一件壞事。

事實上，每當我聽到媽媽桑那些鼓勵的話語，我都能重新鼓起勇氣和建立自信。我開始堅信自己的的確確是有才華的。

雖然媽媽桑那樣鼓勵我，但她本人從未讀過我寫的小說，所以她的話也許根本算不了什麼。

即便如此，我還是認定自己絕對沒有問題。這其實就只是一種單純的得寸進尺、得意忘形。這種聽了兩句表揚就飄飄然並信以為真的勁頭，的確也是一種才能。

在人缺乏自信或猶豫不決的時候，無論怎樣的左思右想都於事無補。因此在這種時候，就要摒棄雜念，更為大膽、充滿自信的向前邁進才行。

猶豫不決，不僅根本無法前行一步，而且還有可能往後倒退。

對於你的猶豫不決，很多人當然會提出他們各自的看法。而這時，我們要做的就是從中選出自己聽起來最為順耳、最能使自己振作並快樂的努力下去的話語，從而堅定不移的向前邁進。

在我失去自信、止步不前的時候，給我鼓勵和支持的，就是那位開朗而信心十足的媽媽桑，那些看似無根無據的話語。

事實上，那些話語有無根據根本就無傷大雅，憑藉媽媽桑那番動聽的話趁熱打鐵，堅定信念，繼續努力才是最重要的。所以，這種得寸進尺、得意忘形的精神十分重要。這種精神正是有益的鈍感力本身。

因表揚而努力

下面，再用一個事例說明這種「得寸進尺、得意忘形」精神的重要性。

我們暫且把他稱為A先生，他是一位當今畫壇無人不知、無人不曉的著名畫家。

有一次，我曾經問過他：「您是怎麼成為一名畫家的？」他的回答使我深受啟發。

以前，還在Ａ先生上小學低年級的時候，有一次他在家裡用心畫了一幅畫，恰逢一位鄰居大嬸去他家玩，臨走之際，大嬸看了一會Ａ先生的畫。

「哎呀……小Ａ，你的畫畫得真漂亮啊。大嬸我吃了一驚啊。」

這樣一句表揚使Ａ先生非常開心，他繼續拚命努力畫畫，鄰居大嬸再來的時候，又表揚了他畫的畫。

「真了不起，你畫得比以前更精美了。」

此話又令Ａ先生歡喜無比，於是更加努力畫畫，之後又被大嬸表揚。

就這樣，因為被表揚而開心，所以拚命作畫，而後又被表揚，表揚就像鐘錶的發條一樣，讓Ａ先生連續不斷的拚命作畫。

表揚和努力作畫，就好比兩個和諧的齒輪一樣推動Ａ先生不斷前進。據Ａ先生講，等他意識到時，自己已成了畫家。

「事情僅此而已。」Ａ先生用略帶歉意的口吻總結說。其實這個謎底正是一個單純的得寸進尺、得意忘形的最好事例。

A先生之所以能成為一位傑出的畫家，正是因為那位鄰居大嬸創造了這個開端，儘管她很可能自己沒有意識到。

而由於大嬸的一句話，就能得寸進尺、趁熱打鐵的A先生，真可以稱得上是一位擁有得寸進尺才能的畫家。

和歌：我創作的緣起

我也曾經有過與此類似的經歷。

我上初中一年級時的班主任是中山周三老師，他是一位非常優秀的國語老師。為了讓我們記住漢字，他讓我們模仿相撲比賽的方式，分小組互相進行漢字聽寫，每次都按力士等級給我們排名。托中山老師的福，同學們既享受了遊戲的快樂，又記住了漢字的寫法。

在對詩歌與和歌進行講解時，中山老師並不糾纏於一些詞語的詳解和推敲，而是一個勁的用洪亮的聲音給我們朗讀，邊讀邊問：「這首詩好聽吧？」「你們覺得怎麼樣？」「你們有什麼感想？」這是一種把培養學生的感性認識放在首位的教育方式。

中山老師主辦了一本名為《原始森林》的和歌雜誌，所以有時也讓我們寫一些和歌。

有一次，我寫的和歌恰巧被中山老師看到：「你的和歌中如實表達自己情感的部分，寫得非常漂亮。」老師大大的表揚了我一番。

這可讓我樂透了，從此我便喜歡上了國語。中山老師讀了我的各種習作，並予以表揚，於是我變得更加喜歡寫作，就這樣我和老師配合默契，不斷進步。

現在，我可以肯定的告訴大家，在中山老師的教導下，我喜歡上了國語，這就是我寫小說的緣起。

如果當年沒有遇到中山老師的話，也許我會從事與現在完全不同的職業。

不嬌慣，常表揚

這裡要講的內容不僅針對幼小的孩子，其實也包括中小學生，我們應該用心發現他們的某些長處，並及時予以表揚。

對孩子不應嬌生慣養，但發現到優點時，就應該立刻加以表揚。

「某某小朋友，這個你做得真好呀！漂亮極了啊！」「這個地方特別不錯，你好了不起，要好好加油呀。」只要發現了長處，就要表揚孩子。

正如眾所周知的那樣，孩子們非常單純，是得寸進尺的典型，所以沒有比利用孩子這種習性更好的方法了。孩子高興了，會變得越發努力。由於努力，事情便會做得更加出色。因為表現出色，又會受到讚揚，孩子就越發努力，雙方配合默契，孩子就會不斷進步。

不管多麼優秀的孩子，當然也包括大人，倘若每天都生活在「你根本不行」「你真是個傻瓜」一類的批評之中，長此以往，就會真的變成一個沒用的、傻瓜似的人了。

對於女孩，如果不斷的進行誇獎，例如「某某小朋友長得多漂亮啊」「你可愛極了」，那麼女孩子真的會變得漂亮、可愛起來。相反，如果每天都是「你醜得要命」「你一點也不可愛」之類的貶低之詞，那麼女孩就真的會成為可憐的女孩了。

由此可見，語言極為重要。一句話既可以救活一個人，也可以殺死一個人。對於才能也是如此。

人能否成功，不只取決於才能的有無，而在於究竟能把人的才能發掘和引導出來多少。社會上所謂有才能的人，都有一個在適當時期，用適當方法將其才能發掘、引導出來的人。相反，人們口中那些沒有才能的人，大多只是由於其潛在的才能沒有在適當的時機被發掘和引導出來。

如此看來，「得寸進尺、得意忘形」並不是卑鄙無恥的事情，而是一種讓人朝著光明的未來展翅高飛的了不起的鈍感力，我相信大家會明白這一點的。

第七章

不乾不淨，吃了沒病

當周圍的人因食物中毒而紛紛倒下時，只有A君一切如常。擁有鈍感而堅強的腸胃的A君，明顯是一個勝利者。與其對環境衛生過於敏感，還不如把自己鍛鍊得強壯而鈍感。

那是很久以前的一個夏天，我們一行十幾人，曾去蓼科那一帶打過一次高爾夫球。

我們計畫早上從東京出發，到了目的地打上一場高爾夫球後，當晚住在那裡，第二天再打一場，然後返回東京。因為可以逃離炎熱的城市，所以大家都像去春遊的小學生般興沖沖的出發了。

沒想到在蓼科，卻發生了一件出人意料的事情。

食物中毒

這天，大家打完一場球，回到旅館的時候，一切都還是按計畫進行。沒想到在大家一起共進晚餐之後，事情開始有些不妙了。我們住的是一家日式旅館，晚飯吃的是日本料理，好像其中有的食物不太新鮮。吃完晚飯兩、三個小時之後，大家都有了腹痛或腹瀉的症狀。

我當時確實也覺得食物新鮮度較差，看起來那就是使我們食物中毒的原因。

於是我們都早早的回到了自己的房間，旅館老闆戰戰兢兢、誠惶誠恐的來向大家道歉。

「實在對不起了，這次的事情拜託你們千萬、千萬不要告訴外人。」

的確，旅館裡一旦發生了食物中毒這類事，衛生局的人就會立刻進駐檢查，有的旅館甚至還會受到停止營業的處分，說不定還會上報。

「當然，如果大家能替我們保密的話，我們將免除一切費用……」看著連連道歉的旅館老闆，大家都覺得如果不用交錢的話，那倒也可以，所以決定接受旅館老闆的條件。

因此，我們打算不再追究，晚上早些休息。

希望和大家一樣

可是，令人不可思議的是，我們當中有一位男子居然沒拉肚子，一切正常。這裡暫且把他稱作A君，我們十七八個人當中，只有他一個人既沒腹痛，也沒拉肚子。晚飯他可是吃得一乾二淨。

這位A君，晚上十點多來到了我的房間。我當時還很不舒服，所以正躺在床上。

「我想向您請教一件事情。」

A君開口第一句就問我。

「那個，為什麼我沒拉肚子呢？」

我想他大概知道我曾經當過醫生，所以才來向我請教。因為我的專業是外科，所以對內科的事情不太熟悉，況且這種問題，我也不可能馬上知道答案。

於是我對他說：「大家都拉肚子了，只有你一個人倖免於難，這個結果不是很好嗎？」誰知Ａ君還是一臉不滿意的表情，因此我又補充了一句，「晚飯中確實有食物不太新鮮，而你吃了那些卻毫無影響，這是一件很好的事嘛。吃了變質的食物卻能夠正常消化，從某種意義上說，你的腸胃功能很強，這也是一種才能啊。」

「這難道也是才能？」Ａ君歪著頭不解的說道，「你這樣說是為了安慰我吧，其實我還是希望和大家一起拉肚子。」

他的想法讓我十分吃驚，望著他那與年齡不甚相符的孩子氣的面龐，我不禁笑出聲來。

一般來說，人們對幸福的追求和感覺因人而異，同時也想與眾不同。比如，有人想住比他人更為豪華的房子，有人希望穿昂貴的衣服，有人想吃高價、精美的佳餚等，並以此感到幸福。然而，只有在身體方面，大家的幸福感恐怕都是希望和其他的健康人一樣。

人們公認的美食，自己吃起來會覺得可口；大家都香甜入睡的時候，自己也能很快入眠；而大家都拉肚子的時候，自己也希望一起同甘共苦。這恐怕就是A君的幸福觀。

吃些雜菌

那麼，A君明明吃的是和大家一樣的變質食物，為什麼只有他一個人沒拉肚子呢？

關於這件事，之後我也想了很多。我想他大概是在較為貧窮的環境中長大的，雖然這樣說對他有些不太禮貌。

如今的日本自然已經變得相當富裕，但是以前一般家庭中孩子很多，由於母親十分忙碌，所以不可能把每一個孩子都照顧得面面俱到。有時幼兒在榻榻米上隨意爬行，撿起掉在榻榻米邊上的雜物滿不在乎的放進嘴裡。

若是現在，母親會馬上把垃圾從孩子手上奪過來，並教訓說：「A君，不許這麼做。」可是，以前孩子都是放羊式的長大的，恐怕小時候都有曾將各式各樣的垃圾放到口中的經歷。

寫到吃些雜菌這件事，大概很多人都會不以為然。其實，從某種程度上講，吃些家中的雜菌，也無大礙。相反，此舉可以豐富腸內菌群，增加人們對外來細菌的抵抗力。

至於A君，大概他小時候吃的雜菌，要比其他同齡的朋友多一些，所以他的體內恐怕已有很強的抵抗力了。這種抵抗力在旅館的晚飯中發揮了作用，所以只有他一個人非常幸運，消化了變質的食物，沒出現腹瀉。

這就是我所想到的理由，我想不出其他更恰當的了。

頑強的生命力

上述這件事令我再次想到，目前日本人的身體實在缺乏抵抗力。O157

型大腸桿菌感染（編按：為出血性大腸菌感染，一九九六年在日本造成多達萬人的大型感染），還有峇里島的霍亂傳染至今仍令人記憶猶新，當時發病的只有日本人，當地人卻安然無恙。那是因為日本的環境衛生條件太好。

衛生好並不是一件壞事。不過環境衛生搞得越好，雜菌驅除得越乾淨，周圍就會變得一塵不染。與之同時，身體的抵抗力也會因此減弱，稍微沾上一點細菌，人們就可能得病。

一般認為，周圍環境越是清潔乾淨，越是無菌，那麼人就越不容易生病。這麼認為固然沒錯，但實際上就算環境乾淨了，也仍會有適應乾淨環境的細菌繁殖出來，仍會出現新的病毒。也就是說，環境衛生和疾病總是在玩捉迷藏的遊戲，彼此之間的爭鬥不會因環境的乾淨與否而停止。

如此想來，其實對於環境衛生也不必過於神經質，差不多就行了，那樣或許還比較不容易生病。就像A君那樣，擁有抵抗力，把自己的身體鍛鍊得強壯而鈍感。

當時的Ａ君，正是由於擁有遲鈍而堅強的腸胃，對於那些雜菌毫無反應，因此才不會拉肚子的。從這種意義上來看，腸胃反應遲鈍的Ａ君，很明顯是一個出色的勝利者。

順便說一下，就在不久之前，我還偶然在東京車站附近遇到了Ａ君。我們彼此都覺得很親切，我一下子就想起了去蓼科打高爾夫球時的事情。但是他似乎早就把當年的事情忘得一乾二淨了。

Ａ君以前就聲音洪亮，偶遇那天他也是爽朗的大聲告訴我，他最近剛從公司退休，然後揚起一隻手臂，向我揮手而去。他還是一副落落大方、無憂無慮的老樣子，顯出一種出色的鈍感。

望著他遠去的背影，我頗有感觸。萬一今後發生翻天覆地的變化，很多人因為痢疾、傳染病等死亡的時候，Ａ君也會頑強的活下去吧。

我的目光追尋著他的背影，他的身姿比當年在蓼科時顯得更加魁梧而英挺了。

第八章

令愛神眷顧的心理素質

在戀愛方面，鈍感力也是必不可缺的。特別是當男人追求女人的時候，鈍感可以成為一種有力的武器。若再加上誠實，則更如虎添翼。

沒有戀愛學一說

從平安時代開始，對貴族男性來說，巧妙的追求女性就是一種重要的技能，同時也是一項工作。

在公司上班或自己獨立經營各式各樣的企業當然都不失為工作，但是這些工作在某種程度上都是可以進行精確規劃、計算和預測的。

然而，追求女性一事卻完全無理可循。這是一個和理性完全不同的感性世界，人們的戀愛未必都能按自己事先設計好的去實現。所以才說現實生活中沒有「戀愛學」一說。凡稱得上學問的東西，都應該具有一定程度的規律性和準確性，用這種標準衡量，追求女性卻沒有絕對的章法可循。

當然，像以前說的那樣，「三高」可能的確有利於追求女性。所謂三高，就是高學歷、高收入、高個子。擁有三高條件的男性，最初站在起跑線上的時候，或許的確有利，然而問題會出在起跑之後。

許多男性自恃「三高」，不免態度傲慢，就在這種人高高在上的過程中，恐怕不少女性就會離去。

戀愛首先是心靈之間的相互碰撞，其中並不一定有什麼理論和道理可言。戀愛的曖昧及難以琢磨之處也正在於此。

不同的生物

此時，我們首先不能忘記的就是，男人和女人是截然不同的兩種生物。人們普遍認為，男人和女人都是一樣的人，由於語言也能相通，相互交談的事情應該很多，所以只要把話說出來，就能互相理解。

然而，就算男女雙方進行交談、做到相互理解，兩個人關係的發展也未必就一定順利。相反，有時越是交談，雙方的分歧就越明顯，彼此感到十分失望，繼而開始吵架，有時甚至還會因此而分手。

「為什麼？」這樣感嘆的人大概很多，其實這是因為男人和女人從根本上就是不同的生物，尤其在肉體的出發點上完全相異。這些差距，不是通過語言上的交談就能解決的。

「那麼，究竟應該怎樣做才對呢？」我彷彿聽到了眾多男女的悲鳴。其實這裡最為關鍵的就是鈍感力。

不屈不撓的追求

在戀愛方面，男人屬於徹頭徹尾的急性子。

忽然發現了一位漂亮女子，男子會立刻產生興趣，想要接近對方。雙方僅僅喝過幾次茶，便恨不得馬上擁有對方的身體。

總之，男性缺乏最起碼的耐性。然而追求女性忌諱的就是焦躁二字。

就像以前人們常說的「性急的乞丐要飯都要不多」那樣，過於著急的話，好不容易發現的美女也會從自己面前溜走。

說實話，女人本身就是一種善於逃跑的動物。即便對男方抱有好感，也不可能見過一兩次面就以身相許。

見上幾次之後，女性會在吃飯和聊天的過程中，探究男子的誠意和真實情況，慢慢的對男方進行試探和考驗，看其是否值得自己以身相許。

問題的關鍵在於如何經受這些漫長的考驗，這時耐力就成了首要條件。如何才能不急不徐、張弛有度的接近對方呢？鈍感力正是這種耐性的動力所在。

最近，經常聽到女性抱怨：「近來男人非常缺乏韌性。」剛剛約會一次，雙方的關係稍有接近，男方就想得到自己希望的回答，好比「我喜歡你」之類的話，有時甚至還會要求接吻。

可是這種程度的約會還不能完全使女子動心。相反，一旦男方顯出心急的樣子，她們就會以一句「不行」斷然拒絕。

而僅被女性拒絕了一次，大多數男人就以為自己沒戲了，從而放棄追求。這樣一來，就很難追求到自己喜愛的女子了。

前面我曾提過，女性是在等待男子的再度邀請與進攻。此時女性未必就會以身相許，但的確是在等待。

如果連這樣的道理都搞不懂的話，那麼這種男人就稱不上是優秀的獵手。

也就是說，一位好獵手，只要看準了目標，無論被對方拒絕多少次，也要堅持追求，向女方傾訴自己的衷腸。沒有這種堅韌而厚顏的精神，就無法將美麗的獵物捕捉到手。

這時需要的就是，即使一而再，再而三的被女性拒絕，也決不灰心喪氣的精神。即使進展得不順利，也能忍受且繼續追求。只有擁有這種鈍感力的男人，才能贏得最後的勝利。

其實很多女性都會說：「就算多少有些不中意，但是在對方不厭其煩的邀請和竭盡全力的追求下，還是逐漸的被對方打開了心扉，或許還會開始喜歡……」

不管怎麼說，女性都是喜歡被人追求的生物。因此男性不要對女性的這個習性視而不見。同時，要想利用這個習性來獲得女子的芳心，出色的鈍感力是必不可少的。

當然，這一招並不是對所有女性通用。但是不可否認，相當一部分女性經受不住這種鈍感力的衝擊，最後都會投入男人的懷抱。另外，即便不接受對方，她們也會對那種鍥而不捨的男性抱有好感，從而長久的留在自己的記憶裡。

相反，被女方拒絕一次就感到深受傷害，這種敏感、脆弱的精神狀態是追求不到女性這種堅韌而頑強的生物的。

鈍感的腸胃

對於男性而言，鈍感力不僅是追求女性的精神力量，同時在他們自己的身體方面也能起到很大的幫助。

比如，和自己心儀的女性一起吃飯的時候，腸胃方面也需要有益的鈍感力。

在男性當中也有那種好惡分明、甚至以挑食為自得的人。還有那種胃口不好、吃得很少的男人。這類男人一般都不招女性喜歡。

和男人約會一起吃飯的時候，幾乎所有女人對食物都非常重視，我覺得她們都想吃到美食。

「我太喜歡那個人了，結果弄得我食不下嚥的。」女性偶爾也會說出這種話來，但那是兩個人的關係發展到相當深時才會有的事情。

一般在第二或第三次約會的時候，女人已不那麼緊張，所以食慾應該不錯，即使嘴上說「我不餓」，其實胃還留有很大的空間。

為了讓熱愛美食的女人開心的進食，男士應該先做榜樣。「這個很好吃，那個味道也不錯。」邊說邊狼吞虎嚥，這也是男人的魅力之一。

如果男士一副大快朵頤的架勢，女子也會鬆弛下來，心想對方那麼積極主動和投入，我怎麼吃也就無所謂了，於是會在男人的帶動下開始吃飯。

女人喜歡享受無拘無束的進餐時間，但當有些拘束，就常會擺出一副不食人間煙火的樣子，因此使她們去除偽裝，放鬆心情，是男人的重要工作。

而要達到這個目的，男人首先需要擁有鈍感的腸胃。無論端上來什麼食物，都能毫不猶豫的大口吃下。就算有些難以下嚥也無所謂。這種旺盛的食欲、結實的腸胃，能體現男子漢氣概，會讓女性佩服，進而產生信賴的感覺。

雜亂的房間

雙方關係發展到這一步，差不多就是把對方帶回自己的房間，或是進入女方房間的時候了。

在這種時刻，鈍感力會發揮更大的作用。

例如，男人把女孩子帶到自己的住處時，如果男方的房間過於井井有條、一塵不染的話，可能會讓女孩子感到緊張。

女方會想：「和這種把房子打掃得一塵不染，好像很神經質的人一起生活的話，那還了得？」「那樣，我生活上的散漫不就顯得十分刺眼了嗎？」女性會變得有些戒備心。

相反，房間裡適當有些淩亂，這種帶男人味的房間，在某種意義上會使女方有種隨便的感覺，輕鬆起來。女方甚至還會產生一種類似母愛的情感，或許湧出「我是否該為他做些什麼」一類的念頭。

男人不介意在稍髒的房間裡生活，而且還能自得其樂的把房間展示給女孩子。這種有益的反應遲鈍，正是擁有鈍感力的表現。

這種鈍感力，在去女方住處的時候，自然也會起到良好的作用。

一旦受到女方的邀請，或者男方死皮賴臉的混進女孩子的房間時，若看見房間中有些髒亂，即便心裡這樣想，嘴上也絕對不能吐露半句。因為女性本來就有「得打掃得乾乾淨淨」的願望，所以對房間不夠整潔本身就有一種自卑，這時男方最好不要去做不好的評價。相反，應該擺出「就是有些髒亂，我也毫不在乎」的男子氣概或寬容的態度，那樣在女方心中的印象分一下子就會大增。

即使雙方沒有發展到這種程度，如果能夠讓女孩子覺得「他對我生活中的些許散漫也能原諒」，她的心肯定會變得更加溫柔、更加開放。

以上，圍繞戀愛中的各個方面，探討了鈍感力的出色之處，下面我們將討論戀愛之後，在男女雙方的同居和婚姻生活當中，鈍感力是如何發揮其更大的威力的。

恕我重申一遍，失去了鈍感力的話，就不可能被愛神之箭射中。

第九章

感情要長久，
不妨睜隻眼閉隻眼

人們常把婚姻幸福掛在嘴邊，年長後常會有意味深長的感慨：「和你共度一生真是太好了！」其實那都是經過漫長的忍耐才得出來的結論。我們不要忘記，在夫妻雙方相互容忍的背後，是出色的鈍感力一直在支持和守護著他們。

在前一章中，我闡述了鈍感力在戀愛方面的重要作用，而在戀愛之後的婚姻生活中，鈍感力將會發揮更大的作用。

是否擁有鈍感力，決定將來你和伴侶的婚姻能否長久，你們的未來是一片光明還是常被烏雲籠罩。

同居之後

所謂結婚，自然就是一對男女，憑藉一時的熱情住在一起，雙方從此一起生活在狹窄的空間裡。

到結婚為止的整個戀愛過程，男女雙方都被眼前的快樂所吸引，根本無法想像婚後生活的真實情況。

即使雙方感到彼此之間存在一定的問題，可當時頭腦裡除了結婚，沒有別的，他們的想法十分簡單，如果結婚之後發生了問題，相互改正也就行了。

然而，正是這種輕率的想法，造成了結婚之後各式各樣的衝突。衝突的最大原因，就是因為兩個人共同生活在一個狹小的空間裡。

有人會因此反駁我：「結婚就是要住在一起，你怎麼能這樣說呢？」這種反駁也有道理，結婚的確是要生活在一起，然而正因為如此，對彼此的缺點才會看得更加清楚。

在戀愛和訂婚的時候，雙方各自住在自己的家中，所以對對方的缺點了解甚少，或許正是由於了解甚少，兩人才能走入婚姻的殿堂。

但是，結婚之後生活在一起了，彼此的缺點一下子就映入了對方的眼簾——這些都是因為雙方距離過近造成的，我想舉一個例子進行說明。

牙膏管的故事

說起來已經是很久以前的事了，一位編輯來到我這裡商量工作方面的事情。

到傍晚時分，工作上的事很快就談完了，可那位編輯忽然提出：「我可以在這兒再待一會兒嗎？」

我正好手頭不太忙，兩個人都在喝著兌水的威士忌，所以答道：「沒問題。」我多少有點兒擔心，就試探道：「發生什麼事情了嗎？」

他臉上現出一絲難堪，回答道：「其實今天早上出門的時候，我跟妻子大吵了一架，所以不想就這麼早回家。」

說實話，我對別人夫妻之間吵架根本不感興趣，可當時兩人又沒什麼可聊的，於是就繼續問：「你們因為什麼吵起來的？」

「哎，是因為牙膏管。」他接著回答。

原來他家用的牙膏，牙膏管又白又長，材質較軟，每次擠牙膏的時候容易留下指痕。

那位編輯本來就是個一絲不苟的男人，每天他都要把牙膏管上的指痕撫平，並從後面將牙膏管捲起來一點。

但是他太太對這種事卻不太在意，擠牙膏的時候隨意一擠，牙膏管上常常留下很多指痕。

可他對那些指痕特別在意，為了撫平太太留下的指痕，他每天早上都要做一番修整。

這天早上，他終於忍不下去了，衝著妻子道：「我說，你擠完牙膏後，請像我這樣從後面把牙膏管捲起來，把指痕去掉。我最討厭的就是你擠牙膏之後留下的那些凹凸不平的指痕，這種隨隨便便的作法真讓人受不了！」

他的話音剛落，太太頓時向他示威道：「那麼，你令人討厭的地方……」太太的指責竟是他的三倍，於是兩個人大吵了起來。

這件事使我得到了很大的感觸。這是一個多麼好的例子，把這件事如實的寫下來的話，就是一篇不錯的短篇小說，題目當然就叫《清晨的口角》。

這件事最能打動人的地方，就在於吵架的原因十分無聊。如果是因為丈夫的外遇被妻子發現，或者妻子揮霍無度之類的事情，一方怒火攻心，大吵大鬧當然無法避免但也情有可原。

然而，因為擠牙膏的方法這種小事，引發了一場夫妻大戰，這件事就顯得有趣且耐人尋味了。

這件事正好把中年夫婦（當時那位編輯四十一歲）那種正在走向厭倦、又沒達到離婚程度的婚姻關係，鮮明的表現出來了。

不說大家也能明白，這位一絲不苟的男人在新婚燕爾之時，是不會這樣、那樣的抱怨的。那時若看到牙膏管上太太的指痕，他可能會喃喃自語：「啊，多麼可愛的指痕！」或許還會對那個地方吻上一下哩。

但是在結婚十幾年後，妻子的這個毛病就變得無法容忍了。愛的熱情在歲月流逝中不斷消失，以前能夠容忍的事，現在不僅不能容忍，還會變成怒火，一觸即發。

我想雙方吵鬧的終極原因，就在於兩個人結婚後共同生活在一起。

無可無不可的小事

當然，這對夫妻除了擠牙膏的方法之外，一定還有很多地方都不相同。而這一切也不僅限於這對夫妻，幾乎所有的夫妻都一樣。

男女雙方無論是生長環境、興趣愛好，還是個人教養、價值觀等不可能相同，然而結婚，就是不同的男女在一時熱情的慫恿下，共同在一個狹小的家中生活。這樣的結果，就是在夫妻之間出現各種不滿與琴瑟失和的情況。

多數夫妻，都是在相互容忍中繼續生活下去的，有時爭吵兩句，有時改正錯誤，有時相互妥協。

這種狀態長年持續的結果，就是夫妻心中一些小的不滿和煩躁會漸漸累積起來。這對編輯夫婦怨氣爆發的導火線，只不過湊巧趕上牙膏的擠法而已。

但是，這裡值得我們注意的是，爭吵的原因其實並沒有什麼道理可講。究竟是應該從牙膏管尾部將其捲起為好，還是保持原狀就好，這種問題本身就沒有什麼標準答案，因此不管怎麼爭論，也是無法解決的。

關鍵在於，在乎的人耿耿於懷，不在乎的人完全不把此事放在心上。然而男女之間或夫妻之間，類似這種無所謂對錯、全憑人的感覺或感性認識的不同，卻造成雙方失和、令人煩躁的事情可以說數不勝數。

於是此時，鈍感力就變得十分重要了。

像這種牙膏擠法的問題，如果是擁有鈍感力的人，就不會過於在意。就算平時喜歡從牙膏後面將其捲起，不過不捲的話，也不會介意。也就是說，那種小事怎麼都行。

這樣的話，一開始就不會發生口角，之後他太太也就不會進行還擊，因此也就沒有大吵大鬧的情況了。

當然，因為丈夫鈍感，所以在各方面或許也時常會被太太抱怨。不過即使這樣，丈夫也可既不在意，也不往心裡去。如此情況，妻子在某種程度上也不得不死心，或許也會漸漸養成慢性子的脾氣，說不定性格上也會變得更隨和、不拘小節。

相反，那種天生聰慧但神經質的人就不可能那樣了。他們對對方做的每一件事都極為在意，煩躁和不滿不斷升級。前面提到的那位編輯，曾說「實在忍不下去了」，其實他爆發之前，倘若事事都要抱怨的話，他們之間的夫妻關係早就土崩瓦解了。正因為他一直忍耐了十幾年，所以夫妻關係才得以延續下去。

女性們也常常感嘆，「點點滴滴我都十分在意，真令人發愁，我怎麼才能變得遲鈍一些啊？」這也是能說明問題的事例之一。

我認為結婚時間一長，夫妻雙方都不該在某些地方過於在意，應該更不拘小節一些才對。當然，即使如此，有時因一時發火，兩個人也會吵起架來。但若雙方都是不太在乎的鈍感之人，問題應該不會搞得不可收拾。

當然，過於鈍感也令人棘手，所以很多夫妻都希望對方的鈍感恰到好處。從某一方面來看，結婚生活就是一條漫長的容忍之路。

而在夫妻雙方相互容忍的背後，是出色的鈍感力一直在支持和守護著他們。

第十章

放寬心胸、積極開朗的態度，是戰勝癌症的特效藥

從癌症的預防到治療，以及治癒之後回歸社會，在各個階段，最重要的就是保持良好的心態，也就是所謂的鈍感力。如果擁有出色的鈍感力，癌症的患病率會非常之低。而且即便患上癌症，也會無所畏懼。

現在，人們最恐懼的疾病就是癌症。

從癌症的預防到治療，以及治癒之後的健康管理等，無論哪個階段，最為重要的都是鈍感力。

是否擁有鈍感力，在預防癌症和萬一得了癌症之後的治療等方面，都會出現極大的差別。

癌症的成因

人們為什麼會患上癌症呢？至今為止存在各式各樣的說法。

首先是抽菸，還有持續吸收有害物質，比如攝取大量的鹽分和致癌食品，再有就是吸入汽車廢氣、煤煙等氮氧化物，以及受到放射線、紫外線的輻射等。這些做為誘發癌症的直接原因，在統計上都顯示得非常清楚。

除此之外，人們還探討了導致癌症的其他各種原因，例如：挑食、肥胖，此外還與遺傳、病毒侵入、免疫力低下等有關。

不過，最近開始引人注目的是自律神經之說。

自律神經，是保持身心平衡的重要神經，在「對於批評與斥責，不妨左耳進右耳出」一章中也曾經提過。自律神經一旦出現失常，人很容易患上癌症。

在這裡我們再對自律神經進行一次說明。所謂自律神經是無法以人的意志來控制的，支配血管、心臟、腸胃、子宮、膀胱、內分泌腺、汗腺、唾液腺、胰臟等人體器官，且能夠自動調節生物的植物性機能的神經。順便說明一下，動物性機能指的是指揮人的手腳動作、觀看、抓握之類的機能。

人的自律神經分成交感神經和副交感神經兩個部分，兩者的作用相反。一般認為自律神經對人的控制是不受本人的意志影響的。同時，人的心情變化將對自律神經乃至內臟產生各式各樣的影響。

類似的例子數不勝數，例如，當聽到意想不到的事情大吃一驚，或遇到非常恐怖的事情時，人的臉色會變得十分蒼白，心臟跳得極快，甚至胃的深處還會感到針扎似的疼痛。再如人緊張的時候，兩手會不由自主的出汗，臨近考試就頻頻想去廁所，諸如此類。

如果自律神經正常發揮作用的話，人的身心就能處於安定狀態。據說越是身心狀態穩定的人，越不容易患上癌症。

還有一點引人注意的是，前面提到的導致癌症的原因中的挑食、肥胖等，都與自律神經失調有很大關係。

例如，人因為心情不快或不滿等產生挑食，或因擔心、煩惱等而暴飲暴食，從而造成的肥胖也不在少數。

說起來挑食、肥胖、過瘦只是表象，在這些現象背後潛藏著各式各樣的心理問題。

究竟如何才能保持良好的身心平衡狀態，使自律神經在正常穩定的狀態下發揮作用？這裡最為關鍵的就是鈍感力。

癌症的遺傳

具備有益的鈍感力，指的就是擁有遲鈍而堅強的神經，不會因為一些瑣碎小事而產生情緒上的波動。

擁有鈍感力的人總是處於某種程度的安定狀態，在應對各種事情的過程中，不會使自律神經變得緊張或反應過度，能夠一直保持良好的平衡狀態。

像這樣不過分刺激自律神經，是防止癌症產生的基本條件。

事實上，將同為七十歲的癌症患者和正常人進行比較的話，根據統計，前者大多十分內向，過分在乎一些瑣碎的事情。由此可以看出，性格內向、神經質的人更容易患上癌症。

在這一章的開頭，我曾提到遺傳是造成癌症的原因之一，不過從遺傳學上還沒有得到十分確切的證明。

但是，從家族史上來看，據說確實存在易患癌症的家族，再深究下去我們能夠想到的就是性格學之說。

我們甚至可以認為，現在有一個家庭中的父母屬於那種十分神經質的類型，如果他們患上了癌症，那麼其子女也容易患上癌症。這是因為父母和子女長期住在同一個家中，子女被神經質的父母撫養成人，他們變為神經質的比例也高，所以父母及子女的患癌率都會變高。

有關人的性格問題，由於每個人所處的環境不同，所以很難有一個明確的定義。雖然沒有準確的資料支援，但是有一點可以肯定，癌症家族史可以成為遺傳學說的一個證明。

同時，我們可以推斷出擁有鈍感力的家族，不容易患上癌症。由不太介意瑣碎小事、不拘小節的父母培養成人，這些孩子也容易養成落落大方的性格，罹癌率自然就會降低。

不易患癌症的基礎正是鈍感力，因此，如果能夠重視這個問題，從整體上發揮自己的鈍感力，不拘小節、悠閒自在的生活的話，在一定程度上就可以達到預防癌症的目的。

如果患了癌症

如果不幸患上了癌症，鈍感力也極為有效。一位在癌症中心工作的護理師對我說，同是癌症患者，性格開朗樂觀、態度積極、戰勝病魔慾望強的患者，癌症治癒率相對就高。

相反，一些膽小的，認為自己沒救了的患者，由於氣餒會導致情緒十分低落，越是那樣，治癒率就越低。

這種情況在我的身邊也發生過。A先生六十歲時，由肝炎轉成了肝癌，此事反而激起了他的抗爭之心：「什麼呀，混蛋，我怎麼可能輸給你！」為此他每天都埋頭於自己的工作之中。

只有在身體狀態很差的時候，他才去醫院住上幾天，然後馬上恢復工作。他這種絕不輕言妥協、積極進取的生活方式，給他的肝癌治療帶來了很大幫助，他的健康復原情況讓他的主治醫生都非常吃驚，說不定正是他的氣勢，嚇退了癌細胞。

實際上，癌細胞不過是寄居在主人體內的寄生蟲。別看它貌似兇惡，其實不過是一個靠吸收主人的營養才能生存的可憐蟲。因此，我們根本沒有必要對癌細胞畏懼三分。

「這個傢伙，竟敢寄居在我的體內？到了我這兒，你的氣數也就盡了，我絕對不會讓你那麼容易長大。」

實際上，同樣是癌細胞，有生命力很強、一味繁殖的細胞，也有發育遲緩、沒有活力的細胞。情況可以說是各式各樣。既有活潑好動的傢伙，也有拖拉懶惰的傢伙。

而這些依附在人體上的癌細胞，由於人的性格、心情的不同，它們的命運也會有很大的不同。

因此，這時最為重要的就是鈍感力，以「我一定要把這傢伙趕出去」的堅定態度和悠然心態，不急不躁的對付癌症，甚至抱有和癌症這傢伙交個朋友，共同享受人生的豁達心胸，積極進取。

這也是阻止癌症進一步發展、打垮癌症、預防癌症再次發作的最佳方法。

治癒之後

即使運氣不錯，癌症痊癒後，鈍感力仍十分重要。一般來說，就算癌症治好了，之後還有可能會再次發作，因復發導致死亡的病例也不在少數。

關於癌症復發，從過去起就有「五年生存率」這個用語，一旦得了癌症，若能平安度過五年，癌症的復發率明顯降低，所以五年是癌症治癒的一個標誌。

根據癌症的種類及癌症患者的年齡等，情況當然多少有些不同，所以，如何度過這五年是一個至關重要的問題。

不用說，多數患者都會在擔心癌症是否復發的不安中度過這五年，但是一味擔心的話，不僅對精神衛生並無好處，反而還會給身體帶來不良影響。

如前所述，倘若不安加劇，就會刺激自律神經，降低患者身體的抵抗力。因此，人們應該堅信自己的癌症已經痊癒，不要一天到晚惶惶不可終日。

假如條件允許，人們應該儘量工作，在繁忙的工作中把癌症忘掉。

這時鈍感力又變得非常重要。有益的鈍感，可以令人忘掉那些討厭而鬱悶的事情，保持樂觀開朗、積極向前的心態生活下去。這樣一來，不僅可以促進血液循環，而且也可進一步增強身體的抵抗力，使身體充滿活力。

曾任日本紅十字會醫院外科部長的竹中文良先生，他也曾患過大腸癌。康復後，他為了幫助癌症患者回歸社會，創辦了日本健康協會。竹中先生指出：「性情開朗、積極進取的癌症患者，治癒後的康復情況也很好。」

所以，從癌症的預防到治療，以及治癒之後回歸社會，在所有階段中，重要的就是保持良好的心態，也就是所謂的鈍感力。

第十一章

女性的強大之一：
流血不止仍能生存的頑強

「弱者，你的名字叫男人。」——男性是一種多麼守規矩、嚴謹、敏感的性別啊。相比之下，女性則大度、曖昧而鈍感。當然，這是因為女性肩負著決定人類存亡的分娩這一最為重要的任務，所以她們擁有造物主賜予的天生的力量。

如果有人問——「男人和女人比，哪一方更敏感？」多數人都會回答：「當然是女性了。」

然而，所謂敏感究竟指的是哪方面呢？要求不同，答案也會有所不同。若只限於精神方面的話，恐怕絕大多數人的回答都是「女性」。然而若是指肉體方面，幾乎所有男性的回答還是「女性」，而一部分女性可能也會贊同。

總之，不論是精神上還是肉體上，多數人都認為女性敏感，但事實是否果真如此呢？

圍繞這個問題，我們首先從肉體方面進行一下探討。

單薄的男孩子

諺語中有這樣一句話：「一千金，二公子。」

有些人認為，其意是指有兩個兒子和一個女兒最為理想，可這樣理解並不對。這句諺語的本意是指：「生孩子時老大以好養活的女兒為佳，老二是難養活的兒子較為理想。」

也許有人會對這個解釋感到十分意外，其實若是兒女雙全的母親，自然就會明白這句話的意思。

女孩從小時候起睡眠就好，經常呼呼大睡，周圍即便有些吵鬧，也不大會被驚醒。而且，鬧肚子、感冒之類的事也較少發生。相比之下，即使有點小聲，男孩也會立即睜眼，哭鬧不止。還有男孩經常容易感冒、拉肚子。據說因為男孩對一切事情都非常敏感，所以較難撫養。

大概就是因為這個原因，兩性的出生率從過去起，一直就是男孩的出生率偏高，可是等到二十歲成人的時候，男女的人數就基本持平了，以後隨著年齡的不斷增長，女性的人數開始逐漸增多。從這組數字上，我們也可以清楚的看到，男孩明顯要難養得多，在以前那個環境衛生不太理想、營養狀態很差的年代，男孩的死亡率遠遠高於女孩。

一旦生了男孩，全家都會對他嬌生慣養，所以要想把他撫養成人，更是極其不易。

在江戶時代，曾經建立了一個將形形色色的女性集中在大奧（編按：幕府將軍的妻室與子女居住之處）的制度，就是因為男孩出生之後，長大成人的可能性較低，所以大奧制度的目的與其說是讓將軍巡幸女色，不如說想要得到繼承人的慾望更強一些。

如此看來，從幼小的時候起，男孩就比較單薄，女孩則很結實。

這樣一說，估計很多人會感到不解，因為男孩天生個子就大，體格也非常壯實。但是，外表上的壯實和肉體本身的強壯並無必然關係。男人即使外表壯實，身體自身也可能出人意料的脆弱。

相反，雖然女性外表纖細柔和，看上去比較嬌弱，但是身體可能十分剛強、堅韌。

下面，我們就用具體事例來說明這個問題。

教科書失靈了

首先，我們就出血量這個問題進行一下探討，在這方面，女性遠比男性強大得多。

一般來說，人體的血液總量為體重的十二分之一，比如體重為六十千克的人，其血液就是五千克，約有五千毫升（雖然血液和水的比重並不相同），若其中三分之一流失，人就將面臨死亡。

然而，事情並非一定如此。

下面是我親身經歷的一件事情。以前我當醫生的時候，曾去位於北海道阿寒深處的熊別煤礦出過診。

我在熊別的時候，有一天，送來了一位三十五歲左右的休克婦女。她臉色慘白，已經失去了意識，血壓也低得測不出來了。顯而易見，這是由於子宮外孕破裂造成的腹內出血，而且我判斷出血量相當大。

不巧的是婦科醫生因為參加學術會議出差在外，就算送到最近的釧路醫院也要一個小時以上，患者肯定堅持不了那麼長時間，轉院途中很可能就會死亡。

究竟應該如何是好呢？正當我猶豫不決的時候，護理師對我說：「醫生，馬上打開腹腔止血吧。」

由於我是骨科的醫生，對婦科手術完全是門外漢。但是，如果就這樣無所作為的話，等待患者的只有死亡，所以我決定不顧一切的為女子做開腹手術。

首先，在輸血和打點滴的同時，我打開了那位婦女的下腹部，此時她腹腔中的血一下子湧了出來，一看到眼前的情景，我的雙腿不由得哆嗦起來。

「用彎盆（編按：醫療用品，形狀彎曲的盆狀器具，用以盛裝物品、液體、手術房放置器械使用等）將血舀出來。」護理師建議道。於是我趕緊用彎盆從腹腔內往外舀血，由於血液像洪水一樣不停的湧出來，所以我很難確認出血的部位。

當一個黃色的膨脹物體出現在我眼前時，我不禁叫道：「是子宮。」這時護理師提醒我說：「那是膀胱。」於是我繼續向下找去。

我就這樣拚命的將血液從腹腔中清出，總算找到了子宮，然後迅速用針線將子宮破裂處縫合起來。

說實話，其實只要清除流血的胎盤，出血馬上就能停止，但是我當時根本顧不了這些。我把子宮破裂處縫得密密實實，出血終於止住了。

但是，患者好像死去一樣，從雙頰到嘴唇都是一片慘白，血壓當然根本測不出來。

眼前的情景讓我覺得患者怕是救不活了，但該做的我都已完成，於是我讓她留在手術臺上繼續輸血和打點滴，自己脫下被血染紅的手術衣，走出了手術室。

等在門口的患者的丈夫和孩子頓時迎面趕了過來。「怎麼樣了？」對方急問。我緩緩的左右搖了搖頭。

「我們已經盡了全力，恐怕不行了……」

患者的孩子一下哭出聲來，其丈夫也深深的垂下了頭。

我回到醫療部，橫躺在沙發上，回想著剛才那驚心動魄的一幕。

不管怎麼說，出血太多了。按照醫學教科書上的說法，「人體血液總量的三分之一一旦流出，人就會死亡」。那個女患者的出血量何止三分之一，恐怕已近二分之一了。看來她怕是救不活了。想到這裡，我不由閉上了眼睛，這時，醫療部的電話忽然響了。

難道是護理師來報告死訊了？我邊想著邊拿起了話筒。「請您馬上過來。」護理師催促道。

「患者去世了？」

「不是，她的嘴唇恢復了些紅色。」

這究竟是怎麼回事？我覺得不可思議，趕去手術室一看，剛才還面色慘白的患者，現在居然雙唇微微滲出了一絲紅色，並低聲發出了呻吟。

我馬上將聽診器放在她胸上，她的心臟確實在跳，血壓雖低，但已經可以測出來了。

到底發生了什麼，我覺得莫名其妙，但是不管怎麼說，患者能夠生還當然是大好事。

於是我一邊繼續給患者輸血、打點滴，一邊進行觀察，漸漸的，她的臉上又增添了幾分紅潤，不久便哼出聲來了：「好難受……」

事情到了這一步，患者已經沒有生命危險了。我指示護理師繼續給患者打點滴，然後走出了手術室。

於是，剛才那位丈夫迎上來問。

「我太太咽氣了吧？」

「沒有……」

這時，若按否定他人時的慣例，應該加上一句十分遺憾，但這時卻又顯得不合情理，於是我小聲補充道：「不要緊了。」

他的表情突然一變，緊緊的盯著我。

這時，我又重複了一遍：「你太太被救活了。」

「什麼?……」他發出了一種怪怪的聲音,「剛才醫生您不是說我太太已經不行了嗎?所以我已經通知親戚們了。」

話雖這樣說,但是我把他太太救活了,是千真萬確的,他就不能表現得高興點嗎?

我剛想說出口來,但他仍舊一臉怪異的死盯著我。

我想他一定是想對我說:「真是一個說話不可靠的醫生。」

弱者的名字是男人

兩天之後,婦科醫生回到了醫院,我把緊急手術的情況和患者後來的身體狀況向他進行了彙報。同時我也特別想向他請教。

「當時血出得太可怕了,我以為她肯定沒救了……」

「那種病自然要出血了。」

「我覺得當時患者的血都流出一半了，可卻被救活了。」

於是婦科醫生用一種淡淡的口吻解釋道：

「女性不怕出血啊。教科書上確實寫著，出血量達到血液總量三分之一的話，人就會死亡，不過在那種情況下死亡的是男性。」

聽了他的教誨，我頓時變得啞口無言，什麼也說不出來了。

因為女性每個月都來生理期等，所以可能已經習慣了出血。

實際上，在醫院實習時，見到大量出血而暈倒的大部分都是男性。女性看到小傷口時會嬌氣的發出「啊呀」的叫聲，可是看到偏多的血時卻不大會暈倒。

最近，參與妻子分娩的丈夫人數似乎在不斷增加，此時醫院會首先提醒他們注意：「進了分娩室如果感到不舒服的話，請馬上告訴我們。」這是因為許多丈夫看到妻子分娩就會暈倒，由此也可以知道，許多男人十分害怕出血。

女性一般不會因為出血而暈倒。事實上，生產的母親如果在分娩過程中休克的話，那將關係到即將出生的孩子的性命。

即便如此，出血量達到血液總量的二分之一還能被救活，究竟是怎麼回事？而且在那種情況下死亡的大多是男性而非女性，這又是因為什麼？

男性是一種多麼守規矩、嚴謹、敏感的性別啊。相比之下，女性則是那麼大度、曖昧而鈍感。

當然，這是因為女性肩負著「決定人類存亡的分娩」這一最為重要的任務，所以她們毫無疑問擁有造物主單獨賜予的特殊力量。

「弱者，你的名字叫男人。」

令我驚訝的是六年之後，我在一個叫紋別的地方，又遇見了被我救活的那位女性。她對我說：「醫生，您是我的救命恩人。」她不僅送了我一瓶威士忌，還讓我看一個兩歲左右的男孩。

「這個孩子是您救了我以後生的，我給他起了一個和您一樣的名字。」

如今那位小淳一應該年過不惑了，沒想到被我五花大綁般縫合的子宮重新復活，還孕育了一個孩子。女性的身體是多麼強壯而堅韌啊！

第十二章

女性的強大之二：不畏寒冷與劇痛的勇氣

女性既不怕寒冷，也不怕出血和疼痛。在過去，分娩對於母親和即將降生的嬰兒來說，都是性命攸關的一道關卡，女性如何才能闖過此道難關，竭盡全力將孩子生下，使人類得以持久的存在下去呢？為此，造物主想到的就是，將擔當分娩重任的女性創造得更為堅韌而強壯。

在前一章當中，我們圍繞出血這個問題探討了女性的強大，在本章中將對女性不畏嚴寒和疼痛的強大力量進行闡述。

女性的身體

女性和男性相比，骨骼較小、身體纖細，因此一般認為女性應該比較怕冷。事實上女性當中手腳冰涼或患末端寒冷症的人很多，所以看上去好像比男性來得怕冷。

其實不然，因為女性身體裡擁有從外邊看不出來的較厚的脂肪層，所以相當抗寒。

在女性所有重要的部位都有脂肪，它們的產生與女性激素有關，因此女性的身體看起來十分豐滿而柔軟。

相比之下，男性身體骨骼較大，外表十分結實，但是體內的脂肪層卻出人意料的少，所以看上去顯得骨感很強。

這種現象我們從那些變性人身上就可以看得一清二楚。他們不管穿什麼女裝、怎樣模仿女性的言談舉止，總讓人覺得缺點什麼，其實他們欠缺的就是女性的那種圓潤。

因此，即使是再消瘦的女人，體內也藏有相當多的脂肪層。而那些肥胖的女性，身體內的脂肪就更多了。

實際上，因盲腸炎等進行開腹手術的時候，由於女性腹腔內有大量的脂肪，所以要用鉤子之類的東西將脂肪左右分開，而這個工作十分難做。

而對於偏瘦的男性，這種手術最容易做，跟外表看上去一樣，他們的脂肪層很薄，撥開不費什麼工夫，馬上就能夠到盲腸部分。

患者皮下脂肪的多少，決定了手術的難易程度，但盲腸炎手術的收費標準卻全都一樣，這對於做手術的醫生來說，卻是有些不公平。

「怕冷」的她

不過，除了為女性做過手術的外科醫生，這種事情一般人無從知曉。

其實我年輕的時候對這些也一無所知，誤以為女性非常怕冷。

那還是我在大學上基礎課的時候，有一次和七、八個朋友一起到北海道一座名叫尼瀨古的山上去滑雪。

沒想到在滑雪途中遇到了暴風雪，大家連忙一起向山下趕去，可是我們當中的一個女孩突然摔倒了。

在隊伍最後負責壓陣的我趕到後將她扶了起來，可這時暴風雪非常猛烈，我判斷強行下山將很危險，所以決定在恰巧發現的山崖下面的一個雪洞裡躲一陣子再說。

當時我以為過一會之後，天氣馬上就會放晴，然而暴風雪卻好像根本沒有停的意思。

天冷加上不安，她頻頻叫道：「冷死了，冷死了。」

「再過一會兒就可以下山了。」我一邊鼓勵她，一邊脫下我的登山服給她穿上，然後一起原地踏步。

說實話，我那時對她抱有好感，所以待在雪洞裡也不覺得難受，只是沒了登山服，著實把我凍得夠嗆。

就這樣，我們在那兒待了兩個小時左右，暴風雪漸小後，我們安全的來到了山下。

什麼危險都沒發生，不過從第二天開始，我卻得了重感冒，臥病在床了。

可那個女孩卻一切正常，據說第二天就照常上學了。

說句玩笑話，如果那時我知道女性的皮下脂肪是那麼豐富的話，可能就不會把自己的登山服借給她了。

分娩的痛苦

接著我們來看一下兩性對疼痛的反應。在這方面，絕對也是男性表現得敏感而脆弱。

在一般人的印象中，都會覺得女性怕疼，就像打預防針時那樣，稍有一點兒刺激，女性就會皺起眉頭喊：「好痛……」反應十分誇張，所以人們容易認為女性怕疼。

與之相比，男性似乎十分堅強。「稍微有點痛，請忍一下。」誰都明白叫痛關乎男性的尊嚴和面子，被護理師那樣一說，只好拚命的忍耐。

也就是說，男性是靠精神上的力量來忍耐的。與之相比，女性對生理上的那種痛徹心扉的痛苦的忍耐力，卻是出人意料的堅強。

尤其是暗示和誘導對女性十分管用，「絕對不要緊，所以請不要擔心」。醫生透過語言和氣氛讓她們安下心來，後者便可以忍受極大的疼痛。

人們所說的身體的幾大疼痛症狀，一般是指膽結石和腎結石的疼痛，還有痛風及痔瘡的疼痛。對於這些疼痛，女性絕對要堅強得多，這從以前起就是眾人所知的了。

膽結石和腎結石的疼痛，實際上是因體內的結石要通過比它窄小的管道時所產生的劇痛。

然而分娩的痛苦遠要比這些大得多，而且持續時間長。但絕大多數女性都會毅然決然的忍受分娩的疼痛。

更有甚者，在忍受了那麼大的痛苦之後，女性竟然還會提出：「我想再生一個孩子。」

經歷了如此厲害的疼痛之後，還想心甘情願再受一次苦，她們是多麼勇敢和堅強啊！

如果讓男人代替女性承受分娩的痛苦，幾乎所有的男人都會躊躇畏縮，掉頭就跑。

不僅如此，我認為男人連妊娠本身都忍受不了。

肚子裡懷著一個孩子，直至兩、三千克。十月懷胎的生活會如何艱難，只是想像一下，都會讓人窒息。可是女性為了成為母親，卻可以毅然決然的向這種艱難挑戰。

假如讓男人負責傳宗接代的話，他們中的一半以上或許在懷孕五個月前後就會叫苦連天：「我實在受不了了，讓我把孩子打掉吧。」

就算有百分之幾的男人能承受十月懷胎的艱辛，也仍然忍受不了隨之而來的分娩的陣痛，他們會哀求醫生：「請讓我剖腹產吧。」

這種狀態的話，人類持久的存在下去，將變得不可能。

造物主的創造

讀到這裡，我想很多人都知曉，女性在相當程度上具有不怕出血、不怕寒冷、不怕疼痛的特性。這些都是造物主單獨賦予女性的能力。

分娩對於母親和即將降生的嬰兒來說，都是性命攸關的一道關卡。

女性如何才能闖過此道難關，竭盡全力將孩子生下，使人類得以持久的存在下去呢？

為此，造物主想到的就是，將擔當分娩重任的女性創造得更為堅韌而強壯。

說實話，在傳宗接代這件事上，從做愛到射精這個過程一結束，男人的本質作用就完成了。

之後的十個月，從懷孕到分娩，所有這些都要依靠女性的身體完成。

了解了生理上這一無可爭辯的事實，我們就能明白造物主在某種意義上把女性身體創造得如此堅強、鈍感的理由了。

為了讓女性在十月懷胎期間避免感冒和受到意外的撞擊，而且不會因為暫時的饑餓而衰弱，所以讓女性體內儲存著充分的脂肪層。

為了讓女性經受住分娩的痛苦，所以讓女性的身體被創造得不怕疼痛。

為了讓女性在分娩時，即使萬一出現難產的情況也不至於因流血不止而輕易死去，所以將女性打造得不怕出血。

所有的這一切，既是造物主的創造，也是大自然的安排。

正是因為女性的這種強大，人類才能誕生；也正因為如此出色的鈍感，人類才不會輕易滅亡。

第十三章

你要比那些忌恨你的人，更加光彩奪目

在我們身邊，經常會發生被朋友或同事嫉妒、中傷和刁難的事情。不要聽到不中聽的話就如臨大敵，而是要仔細思考對方那麼說的原因，體察對方的心情。這種心胸寬廣的鈍感力，可以在我們的日常生活中起到極大的作用。

在我們身邊，經常會發生被朋友或同事嫉妒、中傷和刁難的事情。每次受到這些傷害，許多人都會非常難過，有時甚至因為過於不安或煩躁，導致身心出現異常狀況，這種情況並不少見。

一些人甚至認為這些傷害就是人生最大的痛苦。

然而，在這種情況下，人們最為需要的就是鈍感力。只要擁有鈍感力，不管多麼痛苦的事情，都能轉化成為對自己有利的因素，這樣才有可能以積極進取的態度坦然的生活下去。

男人的嫉妒

首先，我們探討一下嫉妒。遭人嫉妒的時候，大家都會陷入情緒黯淡、心情抑鬱的境地，認為沒有比嫉妒更讓人煩惱和不能原諒的事情了。

不過，男人之間的嫉妒和女人之間的嫉妒，還存有些許不同。

首先，人們通常認為女性嫉妒心更強、更加偏執，事實上「嫉妒」二字也帶了兩個女字旁。

不過，多數女性的嫉妒主要來自男女關係，在這方面，不少女性的嫉妒表現得非常固執而陰險。

相比女性而言，多數情況下，男性性格爽朗，人們通常認為男性不易嫉妒他人，然而事實並非如此。

在男女關係上，男性的嫉妒心可能的確沒有女性那樣強烈，但是事情一旦涉及工作和社會地位等問題，男性的嫉妒卻是出人意料的強，其陰險程度並不亞於女性。

比如A君、B君同時進公司，開始時他們關係很好，但是和A君的不斷升職相比，B君總是落後一步。

慢慢的，B君開始嫉妒A君，並開始到處散布對A君不利的謠言。

這就是人們常說的因嫉妒而產生的中傷。

年輕時的嫉妒和中傷，可能還只限於朋友和同事之間，到了公司幹部之間相互爭鬥的時候，嫉妒的計畫性和周密性就加強了許多。

例如，雙方都在競爭某一職位的時候，一方就可能會故意散布貶低對方的謠言或有害的消息，而本人還裝出一副什麼都不知道的樣子，和對方親密相處。

這樣一來，事情已經不再是單純的中傷，而是一種帶有惡意的謀略了。

嫉妒的範圍極廣，擁有優良的品質或超眾的能力、父母有權有勢、家庭富有、本人英俊、受女孩歡迎等，因為擁有以上條件遭人嫉妒、中傷的情況，可說時有發生。

被嫉妒、中傷的人因此心情非常鬱悶，精神壓力很大，日子自然不好過，這種情況確實值得同情。

但是，問題在於該如何和那些不公平的刁難抗爭，怎樣才能活出自己的本色，堂堂正正的生活下去呢？此時，不因瑣碎小事而氣餒的鈍感力，就變得十分重要了。

被嫉妒的幸福

得知自己遭人嫉妒、中傷的時候，所有人最先想到的就是「誰在嫉妒我」、「為什麼要中傷我」。這一點最讓人耿耿於懷。

也許有人覺得對這些問題進行調查於事無補，然而只要稍微認真追查一下，找到答案是很容易的事。問題是知道答案之後的對策。

很多人會一下子變得十分惱火，怨恨對方。有人甚至用更難聽的話還擊對方，雙方之間的爭鬥越演越烈，自己也免不了會受到進一步的傷害。

因此，這種作法並不妥當，這時最為重要的就是無視對方的存在。

一般嫉妒、中傷別人的人，其自身的境遇多數不如對方。比如，在公司遭到嫉妒的都是些工作能力很強的人；相反，嫉妒別人的人大多能力平平，甚至較差。另外，遭人嫉妒者大多生活幸福，而嫉妒的人則通常都不如前者。

如果能想到這一層，對於那些中傷與嫉妒就會不太在意了。因為遭人嫉妒者，是由於其自身條件優越，造成對方因羨慕而嫉妒的。

「對不起，因為我太能幹了，所以才讓你煩躁不安。我十分理解你嫉妒的心情，我知道你活得很辛苦，適可而止吧。」

遭人嫉妒者若能說出這番話來，心情也就坦然了許多。

想到嫉妒別人的人比遭人嫉妒者更加可憐，更加辛苦，因此，與其說怨恨嫉妒之人，還不如說應該向對方道謝才對。

「謝謝你總是這麼嫉妒我。托你的福，我會更加努力的，今後還請繼續嫉妒我吧。」

這一切表明，看問題的角度不同，人們的感受也截然不同。任何事情都應靈活的從積極的方面進行思考。而鈍感力就是這種思維方式的動力。

不要聽到一些不中聽的話就如臨大敵，而應該仔細思考對方那麼說的原因，體察對方的心情。

這種胸懷寬廣的鈍感力，可以在我們的日常生活中起到極大的作用。

諷刺達不到目的

在對嫉妒鈍感的同時，還需要另一方面的鈍感，就是對諷刺的鈍感。即使心裡明白對方的話中多少帶有諷刺意味，也要泰然自若，一聽而過。

我舉一個具體的例子，我家附近有一位愛美的老太太。她的年紀大概八十出頭，平時總是精神抖擻，好像經常外出。

去年開春的一天，我剛出家門，老太太恰巧也從斜對面的家中出來，她對我綻顏一笑，我也點頭向她致意。

這時老太太突然挺起胸膛問我：「這個，怎麼樣？」

當時她身上所穿的是一件粉底碎花的連衣裙，肩上則披著一條淺色的喀什米爾披肩。

老太太的身姿確實十分挺拔，看上去遠比她實際年齡要年輕許多。可無論從哪方面講，那件連衣裙都太豔麗了，但我還是下定決心的說道：

「非常漂亮啊，您穿起來真合身。」

這時，老太太滿面笑容的致謝說：「謝謝，太高興了。」說完她轉身走了。望著她那豔麗奪目的背影，我彷彿覺得在那春天的街道上，只有她一個人在閃閃發光。

一個月之後，我再次遇見了那位老太太。

這次她身著一件花俏程度不亞於上次的橘黃色連衣裙，胸前垂著一條碩大的項鍊。

相互寒暄了幾句後，她又問我：「怎麼樣？」

我的回答當然還是：「您穿上去很合身。」

「謝謝。」老太太又是滿意的一笑。

她那怡然自得的樣子，讓我有一種感覺，好像每次見到我，受到我的稱讚都是理所當然的，這多少令我有些不快，但是她的表情那麼天真討喜，我也就言不由衷了。

據說附近的人都是如此，每次聽到老太太發問，大家都會這樣稱讚：「您穿起來真合身。」除此以外，別無他法。

每次聽到別人稱讚，老太太都是莞爾一笑，一臉滿足的表情。

寫到這裡，我想大家已經明白，這個老太太根本聽不出什麼是諷刺。聽到「特別漂亮，您穿著真合適」這樣的話，她會毫無疑問的照單全收，也堅信自己如此穿著非常漂亮。

正可謂是沒有比老年人的大膽更可怕的了，然而令人不可思議的是，在大家的眼中，那些豔之又豔的服裝被老太太穿上後，居然慢慢開始順眼起來。

人們常說：「衣服的合身是穿出來的」。這位老太太就是不管衣服是否適合自己，只要喜歡，穿上再說。多數人可能沒等穿上衣服就開始戰戰兢兢了，或者索性放棄了嘗試。

但是，這位老太太卻不畏懼，落落大方的把衣服穿了起來。大家說的「您穿著很合身啊」之類的諷刺之語，她也當作誇獎，繼續穿著鮮豔的衣裝。

也就是說，諷刺在老太太那裡根本行不通。或許，即使她聽出了諷刺的意思，也只照字面的意思理解，漸漸的她開始適應那些鮮豔的衣服，而人們也開始適應她了。

在現實生活中，人們很難像這位老太太那樣不介意他人的諷刺，堂堂正正的按照自己的信條行事，而是常常不自覺的往後退一步，等到本人察覺的時候，可能已經退了百步之遙了。

這位頑強的老太太的動力，正是她聽不出別人的諷刺、或完全不理睬諷刺的鈍感力。

「這件事我說什麼也要這麼做。」

一旦下了決心，就能夠無視周圍人的目光和流言蜚語，毅然決然的進行。即便聽到別人的諷刺，也是一副「與我無關」的架勢，大大方方的勇往直前。

這種鈍感力，正是人們向嶄新的領域挑戰時獲得成功的原動力。

第十四章

相愛需要的不是運氣，而是稍退一步的包容力

喜歡對方，希望將彼此的戀愛關係延續下去的話，就要擁有原諒對方的胸懷。假如凡事都抱著眼裡容不得沙子的態度，錙銖必較，雙方都會因此而窒息，彼此之間的關係很快就會土崩瓦解。如果希望兩個人永遠相愛、幸福美滿，在某種程度上就要能夠原諒對方，鈍感一些。

這種鈍感力，正是讓戀愛關係長久維繫的能力。

如果我說對相愛的男女來說，最需要的就是鈍感力，恐怕多數人都會感到驚訝。相反，許多人認為敏感才能使男女之間的關係得到發展。然而，這種情況只限於戀愛的初期階段。而在男女戀愛之後，要想長期維持雙方的良好關係，不僅需要敏感，同時也更需要有益的、能夠原諒對方的鈍感。

小小的背叛

戀愛初期，兩個對彼此不太了解的男女逐漸走到一起，這時男女雙方都把全部精力集中在對方身上，在這個階段，對於對方的一言一行、舉手投足都會十分敏感。

這種現象在動物世界裡也是同樣，雄性動物一邊偵察雌性動物的反應，一邊用自己的姿勢、舉動拚命吸引對方。

在這個階段，鈍感的確不足以形成戀愛關係。

但是，問題在於戀愛之後。一對男女幸運的成為情侶後，雙方會開始猶豫，是邁入婚姻的殿堂呢，還是再享受一陣戀愛的甜蜜呢？

從這個時期開始，敏感和鈍感這兩種能力就需要同時兼備了。

首先，需要敏銳的感性。不言而喻，就是需要具有儘早了解對方眼下想些什麼、要求什麼，以及如何應對的敏感。

戀愛的男女，把對方的敏感當作是給予自己的溫柔和關懷，雙方的關係因此朝甜蜜的方向進一步發展。

然而，總是讓對方優先，並不能保證兩個人的關係一定能夠順利發展。在長時間的戀愛中，因一些瑣碎的小事受到傷害、情緒不快的情況時有發生。

還有，從戀愛的過程來看，相戀時間超過一年之後，男女雙方之間便會慢慢的開始出現一些小的摩擦。

當然，彼此的戀愛關係不會因此結束，只是兩個人會覺得有些無趣。

比如，女方提出這個週末想去看電影，男朋友卻告訴她有事不能去。於是女方放棄了看電影的要求，可男朋友卻跟自己的夥伴打高爾夫球去了。

女方知道後，肯定會問：「我和你的夥伴，誰更重要？」

相反，男方想約自己的女朋友，對方卻說沒時間拒絕了，事後男方仔細一問，女朋友見自己的朋友去了。男方當然也會有同樣的抱怨。

在這種時刻，若反應過於敏感，事情就容易變得不可收拾。說不定還會以此為導火線，把平日裡積攢下來的不滿一下子爆發出來，兩人大吵一架。

與其那樣，不如先把自己的火氣壓一壓，寬容對方一次。

「我也有不盡如人意的地方，所以算了吧。」不妨用這樣的想法和態度去原諒對方。

這時，鈍感力就顯得十分重要。

變為西餐派

男女雙方在保持戀愛關係的過程中，其實自身都在不斷發生變化。

比如，我的一個熟人K先生，今年四十五歲。大概由於他從小就是在海邊的一個小鎮長大的，所以他是一個道道地地的和食派。

主食當然是米飯，其他的K先生也就吃些蕎麥麵和烏龍麵，麵包幾乎不沾。他最喜歡的料理是蔬菜和魚類，而且魚還偏好白色、口味清淡的。生魚片和烤魚他都中意，還時常感嘆沒有一家好吃的日本料理店。

他的酒量相當不錯，無論去什麼地方，都是啤酒和清酒兩樣，威士忌、燒酒幾乎不喝，紅酒就更不用說了。雖說不是一點也不吃肉，但他頂多也就是去烤雞肉串的小店吃些雞肉，最怕吃豬肉、牛肉。

因此，偶爾被我們帶到義大利餐廳或法國餐廳，他也是一副這種東西怎麼能夠下嚥的表情，除了蔬菜沙拉和少許湯外，其餘的東西他幾乎不碰。

他也主動對外宣稱自己是和食派，一直堅持日本料理最好。

就是這麼一個男人，不知何時起居然變成了一個西餐派。

那次我們一起去義大利餐廳，起先我還以為他肯定又是特別不情願，然而開始用餐以後，卻沒見他露出什麼不滿的表情。即便如此，我仍覺得他大概是為了迎合大家才這樣的，可很快我發現他居然是一副手拿刀叉興致勃勃的神情。

「你不要緊嗎？」我問。

「嗯，還行……」他已幾乎把面前的義大利菜吃得一乾二淨。

一起用餐的朋友也都呆呆的望著他。

接著他又拿起紅酒喝了起來。

於是我問：「你的飲食習慣好像變了好多，怎麼了？」

他面帶羞澀的說道：「說實話，我正在和一位女子談戀愛，而她是一個西餐派。」

我頓時恍然大悟，使勁點頭。

原來，他從一邊倒的和食派，變得西餐也可以下肚，是受他女朋友的影響啊。知道自己的女朋友喜歡西餐後，K先生開始是勉為其難的遷就她，慢慢的也就變得習慣吃西餐了。

戀愛真是可以改變一個人。

如果K先生沒有和那位女子談戀愛的話，那麼西餐和紅酒他恐怕一輩子都不會碰。

如果不把這稱為革命，又該叫什麼呢？

然而更值得稱道的是，K先生在戀愛的時候，有決心有能力對自己進行革命。如果換成那種凡事過於敏感、過於固守成規、拒絕改變的男人，就不可能發生這麼大的變化了。

K先生在不惑之年出色的改變了自己。這種能夠令人改變的力量，正是他所擁有的出色的鈍感力。

在K先生的味覺中，其實一直潛藏著一種左右轉換的靈活性。這正是鈍感力的表現，正因如此，他才能改變自己，也才能和女朋友更順利和諧的發展戀愛關係。

原諒對方的愛情

我再介紹一個發生在一對戀人身上的事情。

這個故事的男主角是一位四十歲的已婚男子，名字叫T；女主角三十二歲，名叫S子。

兩個人因工作關係相識的時候，T先生已有太太，S子小姐獨身，他們逐漸親密起來，發展成所謂的婚外情。

S子小姐喜歡T先生自不待言，可有時她還是會因為T先生已婚一事陷入煩悶和不快之中。其實S子小姐從和T先生交往時開始，就已知道他有家庭的情況，即使這樣，她也仍會因為嫉妒而備受折磨。

比如深夜時分，T先生從S子小姐那裡返家。望著T先生離去的背影，S子小姐就會變得坐立不安。一想到T先生回到家中，他妻子也會依偎在他身邊，S子小姐就覺得頭腦發脹，彷彿快要發瘋了似的。

還有放假的時候，S子小姐提出想和T先生見面，而對方卻以「今天我有事要跟孩子一起出去」為由回絕，她覺得T先生完全不在乎自己。

另外，眼前一旦浮現出T先生和妻子拉著孩子的手，開開心心的走在一起的情景，S子小姐就會變得十分生氣。

想來想去，還是跟這個人分手吧。這樣的想法雖然有過多次，可是沒過多久，S子小姐又在為與T先生的約會而心情激動了。

「真是的，我這個人真沒用啊。」

S子小姐有一次不自覺的向我吐露了實情。

「要想把愛情進行到底，沒有鈍感力的話，根本行不通啊。」

「鈍感？」我追問了一句，隨後慢慢的點了點頭。

的確，兩個人相親相愛的時候，假如其中一方對另一方的言行過於敏感的話，恐怕雙方的關係將很難長久持續下去。尤其是S子小姐這種情況，假若對T先生的言行都過於敏感，時常因嫉妒而發火、哭泣的話，兩個人的關係很快就會走向崩潰。

當然，這種婚外戀我並不贊成，我想說的是，雙方一旦相戀，要想將彼此的愛情持續下去，在某種程度上沒有那種不拘小節的鈍感力，是難以做到的。

S子小姐感觸頗深的喃喃自語道：「所謂的愛情，就是要能夠寬容和原諒對方吧。」

這句話真是含義深刻啊。喜歡對方，希望將彼此的戀愛關係延續下去，就要在某些方面擁有原諒對方的胸懷。假如對任何事情都抱著眼裡容不得沙子的態度，錙銖必較，雙方都會因此而窒息，彼此之間的關係很快就會土崩瓦解。

如前所述，男人和女人是不一樣的。不要說感情，就是在身體和生理方面也是截然不同的。因此，如果兩個人希望永遠相愛，幸福美滿，就要在某種程度上能夠原諒對方，鈍感一些。

這種鈍感力，正是一種讓戀愛關係長久維繫的戀愛能力。

第十五章

對摩擦與不快一笑置之的才能

面對芸芸眾生各式各樣的毛病，有些人耿耿於懷，有些人不太在乎，有些人視若無睹。在這方面人們的感覺各不相同，但有一點非常明確，就是只有對各種令人不快的毛病忽略不計，才能開朗、大度的生活下去。只有擁有這種鈍感力的人，才能在團體生活中出人頭地。

白領們每天工作的地方就是公司。要想在公司裡工作並取得好成績，鈍感力是必不可缺的。

為什麼鈍感力在公司如此重要？可能很多人都會質疑。那是因為我們每天出門之後，公司是我們在外面度過時間最長的地方，大家都希望能在那裡更好的生存、發展，所以就更加需要鈍感力了。

嬌聲與香水

我認識一位叫做K的男編輯，有一段時間，每次我們見面時，他都會一再唉聲嘆氣。

原來在他們部門，有一位中年女編輯與他比鄰而坐。那位女編輯微微有些發福，總喜歡穿戴一些與其年齡不符的極其豔麗的服裝，據說凡事還總是喜歡隨意置喙評論。

那位女性我也見過，因為在工作上和她沒有直接關係，所以不太了解，僅從外表來看，給人一種舉止有些誇張、口才很好的印象。

K君本來和那位女編輯就合不來，好像有些討厭她，而最令他頭痛的就是她打電話的聲音。

因為距離很近，所以一切聲音都會傳到K君耳中，女編輯常以一種尖銳刺耳的聲音喋喋不休的說著話。

「真是的，竟發出那種和長相、年齡不相符的嬌滴滴的聲音……」

K君似乎一想起來就覺得噁心似的「嘖」了一聲。

K君那麼在意那位女編輯的聲音，還能安下心來工作嗎？說實話，為了使自己聽不見女編輯的聲音，K君曾經嘗試用過耳塞，可還是擋不住那種噪音，噪音弄得他坐立不安。

那位女編輯還喜歡濃妝豔抹，刺鼻的香水味實在讓K君無法忍受。一整天都坐在女編輯旁邊，他覺得自己身上似乎也染上了香氣，回到家裡馬上就去浴室，而且要洗好幾次，連衣服也每天都想換掉。

因為受女編輯的影響，K君天天煩躁不已，這樣一來，自然就不能安穩的工作了。

「你要求換一個座位吧。」我試著建議說。可是以聲音和香水為理由嗎？K君又說不出口。

不是因為工作上的理由而要求調換座位，的確顯得過於任性。不過，照這樣下去的話，煩躁不安越演越烈，說不定會搞垮自己的身體。

因此，K君終於不顧一切的懇求上司准許自己換個座位。

看到上司聽完理由後的一臉苦笑，K君覺得上司對女編輯的嬌聲恐怕也感到難以招架。不管怎麼說，K君總算得到了上司的允許，搬到了離女編輯三個辦公桌遠的座位。

那樣一來，女編輯的聲音雖然還能聽到，但比起以前已不那麼刺耳，而且也不會因濃烈的香水味而感到窒息，K君頓時覺得工作環境改善了很多。

順便提一句，據說女編輯旁邊的辦公桌，從此之後就一直空在那裡。

聽了上述故事，多數人肯定同情K君。大概不少男性還會頷首回應：「有，有，是有那種女人。」不僅如此，就是女性也會對這樣的人敬而遠之。

然而問題在於，並不是所有的上司都能像K君的上司那樣通情達理體恤下情。可能有的會說：「眼下還做不到，所以你再忍耐一段時間吧。」更有甚者，反而還會遭到上司的斥責：「別提這種任性的要求！」而如果女編輯聽到傳言，興許會把K君大大羞辱一番，說不定兩個人從此變得不理不睬。

這樣一來，事情就越鬧越大了。像K君那種神經質的男人，很快就會變得神經衰弱，最後可能還得去看心理醫生。

即使事態沒有那麼嚴重，但是複雜的工作環境也還是時常會遇到的，那麼，如何能在其中心情開朗的工作呢？這時十分重要的就是鈍感力。

女編輯那些撒嬌的聲音和強烈的香水味，其好壞暫且不論，但是如果擁有不太在乎這種事情的堅強鈍感力，不就能夠戰勝干擾、不受影響的做好自己的工作了嗎？

如此想來，擁有堅強鈍感力的員工對公司來說，可說是寶貴的人才，以這種頑強的精神，今後極有可能擔任公司的要職。

各式各樣的毛病

像這種惹人討厭的人當然不僅限於女性，同時在人數眾多的公司當中，也一定存在那種招人心煩、使人焦躁的人。

下面，我把從眾人口中聽到的一些遭人厭惡的毛病列舉一下，這些都是在某種程度被大家公認的惡習。

首先，是由女性指出的男性的一些毛病。例如，身體散發異味，不時抖動雙腿，用指腹蘸著口水翻看文件，吃飯時咀嚼聲音很響，對年輕女性舉止輕薄等。

另外，男職員對上司最多的不滿就是，如果婉言拒絕與上司一起去喝酒的邀請，上司會立刻拉下臉來。而若是因為害怕屈從的話，酒桌上又要聽上司喋喋不休的吹噓那些自己早已耳熟能詳的「豐功偉業」，有時還會突然從自吹自擂轉向說教。而且一去酒吧之類的地方，上司總是一派唯我獨尊的架勢，令人生厭。

相反，從上司的角度看，令人心煩的就是工作磨蹭、能力不強的下屬。稍稍提醒一下，對方便會垂頭喪氣，再說兩句的話，就會變得不高興等。

聽到這些不滿，每一條我都覺得十分有理，我也深刻體會到在團隊中生存的複雜和艱難。

然而，上司的性騷擾、喜歡自吹自擂、常對部下說教等不良習慣，如果其本人有所注意或有人以適當方式指出的話，其實都能夠得到某種程度的改善。

還有工作進展慢，一被上司提醒就不高興的下屬，只要本人意識到並加以努力，也很有可能得到相當程度的改觀。

同樣，香水刺鼻、說話裝腔作勢之類的毛病，若做上司的能夠嚴肅指正的話，對方總能有所收斂。

和上述這些毛病相比，渾身異味、不時抖動雙腿等不良習慣，由於和人的本質相近，改起來大概有些難度。

例如，渾身異味的人，不少是由於體質造成的。其本人注意的話，似乎可以消除或減輕一些氣味，不過恐怕有人又會在乎那些用來消除體味的氣味。如此一來，我們或許也只能說那些「受害者」的嗅覺過於敏銳或者過於敏感了。

還有，不時抖動雙腿，當然也是一種不良習慣，其實很多時候本人沒有任何惡意。然而，對其他人來說，那就是一種無法原諒的舉動。

可是，怎樣才能讓對方停止這種舉動呢？每次看到都提醒對方，大概也不現實。該在那個男人面前懸掛一張「請不要抖腿！」的大紙條，還是只要對方稍有抖動，馬上就「啪」的一掌打下去？這些都無法做到。

還有，儘管我們可以要求對方「在翻文件的時候不要用手指蘸口水」，可是許多人之所以這樣做是有原因的，尤其是上了年紀，手和指腹的脂肪腺已經乾涸，為了補救這種缺陷，才會用指腹蘸了口水翻頁。如果知道了這個原因，我想其他人可能也就少有抱怨了。

再有，對工作不能幹的下屬感到煩心，若是本人偷懶倒也情有可原，如果其本來就不適合這份工作或沒有能力，那就是另外的問題了。如此的話，與其說是員工的責任，不如說是公司人事部門的責任，責備員工本人或許有些苛刻。

綜上所述，同樣是令人不快的不良習慣，有些是當事人可以改的，但有些即使當事人想改，恐怕也不那麼容易。

從以上情況我們可以得知，人們的好惡以及忍受範圍各不相同，可謂是千差萬別。而公司正是各種好惡之情彼此湧動、互相碰撞的場所。

那麼，具備何種才能的人才能在這樣的環境中迅速適應，並如魚得水的工作，樂觀開朗的生存呢？

這就是必不可少的鈍感力。

面對他人各式各樣的毛病，有些人耿耿於懷，有些人不太在乎，有些人視若無睹。人們的感覺各自不同，但有一點非常明確，就是只有對各種令人不快的毛病忽略不計、泰然處之，才能開朗、大度的生活下去。

只有擁有這種鈍感力的人，才能在芸芸眾生中出人頭地。

第十六章

鈍感力，其實是適應環境的能力

在如今這個國際化的時代裡，無論到哪個國家，無論處於怎樣的環境之中，都能精神飽滿的生活下去。沒有什麼比這種適應環境的能力更為出色、更為強大的了。這種適應環境能力的原點就是鈍感力。各色人等都擁有各自的適應能力。正是這種適應能力，保證了我們身體的健康，而鈍感力在這個方面也發揮了巨大的作用。也許有人覺得不可思議，為什麼在適應力這個問題上要牽扯到鈍感力，其實健康的身體正是充滿鈍感力的身體。

傷口的癒合

舉例來說，三個男孩在一起玩捉迷藏時摔了跟頭，他們的膝蓋上都負了同樣的傷。

這種程度的小傷，不用治療當然也可以痊癒，然而痊癒的過程卻因人而異。

首先是A君，他的傷口不僅一直不好，反而還有點化膿，疼得他走不了路。因此A君去醫院給傷口上了藥，還打了一針抗生素，將近一個星期後，他的傷才好。

和A君相比，B君的膝蓋很快就不疼了，他自己在傷口上抹了一些藥膏，老老實實待了五天，傷口就痊癒了。

還有C君，他的膝蓋只是在受傷時疼了一陣子，可他也沒有去管，傷口就自動結了疤，四、五天之後，好得就像什麼都沒發生過一樣。

一般來說，傷口痊癒首先是由皮膚表面長出一層薄膜，然後傷口下面的肉芽就長了出來。與此同時，傷口兩側的皮膚開始合攏，接著很快連在一起，傷口就癒合了。

在傷口痊癒過程中，倘若出現細菌感染或抓撓傷口的情況，痊癒時間就會延長，傷口甚至還會惡化。然而，如果只是輕傷的話，只要先用消毒液輕輕擦拭傷口，再將適量的藥膏塗在傷口上，然後纏上繃帶，不久傷口自然就好了，這就是所謂的自癒能力。

現在孩子稍受一點小傷，多數媽媽就會馬上帶著孩子去醫院。其實人的身體就像時常可以自己癒合傷口一樣，其所有的機能都是圍繞生存發揮作用的。問題是這種自癒能力的強弱因人而異。

身體健康且肉芽組織再生力強的人，傷口自然容易癒合，傷口治癒時間較短；而有些人肉芽組織和皮膚的再生能力較差，故傷口需較長時間才能癒合。

在傷口癒合期間，還存在各種細菌的感染問題。

像A君那樣對細菌抵抗力弱的人，細菌輕而易舉就能入侵，於是傷口附近開始化膿。B君的傷口即使沾到細菌，因其體內白血球等防衛力量強大，雖然需要一些時間，但最後總能取得勝利。而C君的皮膚本來就好，加上自身的防禦非常堅固，所以細菌不會輕易入侵。

這種自癒能力的強弱，其實換一種說法，也就是皮膚鈍感力的強弱。在這方面，B君比A君強，而以C君的鈍感力為最佳。

即使同處一室

下面是三個同去旅行的大學生同住一個房間時發生的故事。

我們把這三個人也稱作A、B、C，那天深夜三個人都感到有些寒冷，於是大家都把被子拉到肩頭睡了。

第二天早上，A君什麼事都沒有，B君卻不停的擤鼻子，而C君則有些低燒，嗓子也疼，好像感冒了。

三個人在同一時間睡在同一個房間裡，被子的厚薄也一樣，一夜過後為什麼各自的情況卻如此不同？

原來，B君的喉嚨和鼻黏膜對溫度的變化比較敏感，房間裡的溫度只是下降了一些，他的鼻喉就有些異樣，有些輕微的發炎。但僅限於此，之後也沒有出現什麼再嚴重的症狀。

但是，C君的喉嚨和鼻黏膜卻無法好好的應對深夜氣溫的降低，所以第二天早上從喉嚨到鼻黏膜都出現發炎症狀，甚至還發起低燒。

而A君儘管和他們處於同樣的環境，卻沒有出現任何不適，他的鼻喉黏膜沒有發生變化，完全正常。

從三個人的不同反應我們可以看到的是，C君的咽喉黏膜非常敏感，溫度略微有所變化就出現反應，B君則顯得有些鈍感，而A君的咽喉黏膜就相當鈍感了。

敏感好，還是鈍感好，在此不言而喻了。由此可見，鈍感是健康的出發點。

如何才能培養身體的鈍感力呢？當然，我們要透過各種方法增強自己的基本體力，不過由於鼻喉黏膜的特性以及每個人體質不同，所以這些問題是不可能輕易就能改善的。

儘管呼吸的是同樣的空氣，可是每個人的反應卻如此不同，這讓我們再次認識到，世上有各式各樣的人，各式各樣的體質，千差萬別的鈍感力。

人體的恒常性

一般來說，隨著大自然或房間的溫度變化，我們的身體會自然而然的進行各種調節。

例如，氣溫下降，感覺寒冷的時候，我們會穿上大衣，哪怕熟睡中也會不自覺的將被子蓋好，將身體緊緊縮成一團。與此同時，我們身體的皮膚表層會出現血管收縮、變細的情況，以此防止體內溫度向外擴散。

相反，在炎熱的時候，透過皮膚表層血管的舒張，達到發散熱量的作用。同樣，喉嚨、鼻黏膜的血管也會根據外部溫度的變化，進行舒張或收縮。因此，我們把人體根據外界溫度變化進行自我調節，使體溫保持在一定溫度的作用，稱為人體的恒常性。人體的這種特性與生俱來，能讓我們的身體適應各式各樣的環境變化。

但是，有時人的這種適應能力也會減弱。比如，一些由於患病而身體虛弱的人，還有老年人等，他們的身體不能很好的適應外界環境的變化，因此，身體會迅速衰弱，甚至可能導致死亡。

人們常說在季節交替之際，死亡人數容易增加，那是因為一些年老體弱者的身體不能適應季節變化造成的。

人體總在盡力保護自己適應外界環境的變化，這種自我保護能力，也有強弱之分。

在上述例子當中，同住一個房間卻得了感冒的C君就是自我保護能力弱的代表，而A君是自我保護能力強的典型，B君則處於兩者中間。

自我保護能力很強的人，無論環境發生多大變化，都能泰然處之，這就是鈍感力。A君的鈍感力在三人當中無疑最為出色。

適者生存

能夠針對外界的各種變化，及時調整身體狀態，很快適應環境，我們一般把這種能力稱為「適應環境的能力」。

廣而言之，這種能力不僅包括適應外界氣溫與氣壓變化，而且也包括能夠輕而易舉的適應人際關係、社會狀況的能力。

例如，不僅能在自己土生土長的城市生活，到了別的城鎮或城市，也能很快融入其中，很好的生活下去。就算到了一個自然環境、人文環境都不相同的世界，也能開朗、健康的生活。

在如今這個國際化的時代裡，無論到哪個國家，無論處於怎樣的環境之中，都能精神飽滿的生活下去。沒有什麼比這種適應環境的能力更為出色、更為強大的了。

這種適應環境的能力的原點就是鈍感力。

凡有宏圖大志，希望能在更廣闊的天地中成就一番事業的人，都應該首先確認一下自己的鈍感力。認為有的話，就要倍加珍惜；覺得自己缺少鈍感力的人，就要加緊培養。擁有更加堅強的鈍感力，才能融入各種環境當中。

第十七章

最終極的鈍感力，正是偉大的母愛

母愛集鈍感力之大成。經過分娩的疼痛從自己腹中生出的孩子，無論做什麼事都讓母親覺得可愛，亦可原諒。這種可以原諒一切的情感，正是產生鈍感力的原點。在最後一章，我們當然應該探討一下母愛。

母愛為什麼能夠集鈍感力之大成？很多人或許覺得不可思議，但是讀下去後，我想大家自然就能明白。

餵奶

孩子生下以後，母親自然要一直守在孩子身邊，進行各式各樣的照顧。在育兒過程中，美好的事情、辛苦的事情、鬱悶的事情、討厭的事情等，可以說數不勝數。

例如，親自給嬰兒餵奶就是其中之一，這是做為母親最先要做的一件事。在給嬰兒餵奶的時候，母親敞開胸膛，露出自己的乳房，讓孩子將乳頭含在嘴裡。這一場景，做為最能體現母愛的經典畫面，無數次的出現在西方畫家的筆下。同時對於一個母親來說，餵奶肯定是她最為心滿意足的時刻。

但是，換一個角度來看的話，身為一個女性，餵奶的姿勢可以說多少顯得有些放肆或不夠雅觀。至少從男性的立場來講可能如此。

然而，做母親的根本無暇顧及這些，因為餵奶是母親對於孩子的天職。因此，無論多麼漂亮的母親，此時都會無所顧忌的敞開胸懷，在這種時刻，母親只會為自己的行為感到欣喜，幾乎沒有什麼羞澀或難為情的感覺。

母親的這種行為，正是一種鈍感力的表現。換言之，沒有鈍感力的話，是絕對做不到的。

「為了讓孩子喝奶，根本無暇顧及難為情之類的事情。」母親們肯定會說。事實也正是如此，她們的心中沒有摻雜半點虛假和言過其實的成分。

而此時男人能做的可能唯有驚訝、感嘆而已。因為他們從未見過在外人面前裸露自己乳房的女子。再開放的女子，就算在海邊一般也都會穿著胸罩。但是一旦到了給孩子餵奶的時間，即使周圍有人在場，母親也會毫不猶豫的敞開自己的胸懷。

這種舉動如果不能稱之為鈍感力的話，那麼應該叫作什麼？我們只能認為，做為母親的自信和自覺，使女性掌握了鈍感力。

夜裡的哭鬧

在嬰兒哺乳期間，母親在各個方面都與孩子緊密相連，幾乎完全以孩子為中心了。看著正在為哺育幼小嬰兒而整日操勞的母親，我們真可以想像她們已合為一體了。

比如給孩子換尿布，不僅一天當中要換N次，要接觸孩子的大小便，而且為了隨時掌握孩子的身體情況，還要聞其氣味，確認大小便的形狀、顏色等。

這種事情恐怕只有母親才能做到，而且只限於自己的孩子。一般來說再喜歡孩子的女性，也不會去聞別人家孩子的大便的。更不用說沒生過孩子的男性了。

能讓這種充滿母愛的行為產生的基礎和動力，正是她們所具備的鈍感力。正是這種力量使女性分娩後覺得孩子無比可愛，並心甘情願的付出自己的一切。

在哺乳期間，母親當然還要不斷受到孩子哭鬧的困擾。

實際上，小孩睏時、餓時、熱時都會哭。小孩的哭聲既是訴說，又是撒嬌，更是生命存在的證明。

當然，實在精疲力竭、應付不了的時候，對於哭鬧的孩子母親也會生氣，甚至還會頻頻發火。一些母親甚至會在這個時候患上育兒期神經衰弱症。

但是，絕大多數母親對孩子的哭聲並不怎麼介意。相反，在她們聽來，那不是單純的哭聲，而是孩子對自己的呼喚，是愛的留言。

這種逐漸習慣孩子哭聲的過程和狀態，正是拜鈍感力所賜，也只有母親才能適應。所以那些對多數人來說難以忍受的哭鬧聲，在母親聽來，卻算不了什麼。

這種遲鈍的反應和鈍感，是上天單獨賦予母親的能力。

即便是孩子的父親，也未必充分具備這種鈍感力。雖然程度比他人好些，可也做不到像母親那樣，能夠平靜的接受小孩的哭鬧。因此，他們常常在晚上從不時哭鬧的孩子旁邊拿起枕頭逃到別的房間去。

此時，他們還總是把責任推給公司，「明天還有工作，所以我要去別的房間睡覺」。

可愛的汙漬

孩子稍微長大之後，就到了所謂的離乳期，但是母親那出色的鈍感力卻並沒有衰退。母親仍要寸步不離的餵孩子吃飯，可孩子卻未必聽話。

即使母親把精心準備的鬆軟米飯、容易消化的魚肉或蛋黃等餵到孩子嘴邊，孩子也不會老老實實吃到嘴裡。有時剛以為孩子要把湯匙裡的米飯吃掉，可孩子突然又不願意吃了，有時還要把飯菜吐出來，有時則把飯菜灑得到處都是。

母親在這種時候總會時刻注意孩子的一舉一動，不是給孩子換髒了的圍兜，就是把灑在周圍的米飯撿起來，有時甚至將飯放進自己嘴裡。

說實話，這種事情普通人很難做到。這裡「普通」兩字指的是母親以外的人，也就是和孩子沒有關係的人。對他們來說，孩子吃飯時的情景又髒又亂、不堪入目。

這種行為除了鈍感力以外，恐怕沒有其他的解釋。

經過分娩的疼痛從自己肚子裡生出來的孩子，做什麼事都讓母親覺得可愛，亦可原諒。

這種可以原諒一切的情感，正是產生鈍感力的原點。

母親當然並不是對任何髒亂狀態都變得鈍感，只有自己心愛的孩子的汙漬，才能使母親變得鈍感。

原諒孩子的母親

以上談到的母親對於孩子的鈍感力，僅是冰山一角。孩子無緣無故的撒嬌，隨著年齡的增長顯現出來的任性、自大，所有這一切行為，母親都可以做到原諒和寬容。

在所有的事情當中，母親最為堅強、偉大的，就是對於自己犯了罪的孩子也能原諒的寬廣胸懷。

對於那些犯罪之人，一般來說，所有人都會感到憎惡、不可原諒，並要求他們受到法律的嚴懲。

此時對於那些四面楚歌的犯罪者來說，唯一能夠向其伸出援助之手、使其在心靈上得到救贖的，就是犯罪者的母親。只有母親，才能坦然自若的面對自己孩子犯下的罪惡。她們可以毫不膽怯的握住罪犯的手，和其一起哭泣，互相安慰。

而且，大多數人不會批評母親這種自私的鈍感力，這種靜靜的守護，任誰都不能對其進行責罵和非難。

母親與子女之間這種生死與共的關係，是由最為強大的鈍感力形成的，我們這樣說並不過分。

生過孩子的女性和沒有生過孩子的女性，以及沒有自己孩子的男性，這三者擁有的鈍感力存在著決定性的差距，這些差距將會對這三者今後的生活方式產生巨大的影響。

以上用了十七章的篇幅圍繞鈍感力進行了論述，由此我們可以知曉，世界上不僅僅存在敏銳聰慧這種才能。相比之下，不為瑣事動搖的鈍感，才是人們生活中最為重要的基本才能。

而且，只有具備這種鈍感力，敏銳和敏感才能成為真正的才能，從而在人生的道路上發揮其應有的作用。

鈍感力／渡邊淳一著；李迎躍譯. -- 初版. -- 臺北市：樂金文化出版：方言文化出版事業有限公司發行，2023.02

208 面；14.8×21 公分

ISBN 978-626-7079-84-3（平裝）

1. CST：生活指導　2. CST：自我實現

177.2　　112000277

國家圖書館出版品預行編目（CIP）資料

鈍感力

鈍感力

作　　者　渡邊淳一
譯　　者　李迎躍

責任編輯　林映華
編輯協力　楊伊琳、賴玟秀、施宏儒
總 編 輯　陳雅如
行銷企畫　徐緯程、段沛君
版權專員　劉子瑜
業 務 部　葉兆軒、尹子麟、林姿穎、胡瑜芳
管 理 部　蘇心怡、莊惠淳、陳姿伃

封面設計　職日設計 Day and Days Design
內頁設計　顏麟驊
法律顧問　証揚國際法律事務所 朱柏璁律師

出版製作　樂金文化
發　　行　方言文化出版事業有限公司
劃撥帳號　50041064
通訊地址　10046 台北市中正區武昌街一段 1-2 號 9 樓
電　　話　(02)2370-2798
傳　　真　(02)2370-2766
印　　刷　緯峰印刷股份有限公司
定　　價　新台幣 320 元，港幣定價 106 元
初版一刷　2023 年 2 月 22 日
初版四刷　2023 年 3 月 23 日
I S B N　978-626-7079-84-3

原著：鈍感力／渡邊淳一 著 由青島出版社有限公司
通過北京同舟人和文化發展有限公司（E-mail：tzcopyright@163.com）
授權給方言出版集團發行中文繁體字版本，
該出版權受法律保護，非經書面同意，不得以任何形式任意重製、轉載。
本中文繁體版譯文由青島出版社有限公司授權獨家出版發行，通過北京同舟人和文化發展有限公司取得。

樂金文化　方言出版集團
BABEL PUBLISHING GROUP

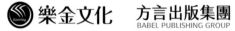